高速铁路无砟轨道施工技术丛书

CRTSⅡ型双块式无砟轨道轨枕预制与铺设技术

主　编　李昌宁

副主编　戴　宇

中国铁道出版社

2013年·北京

内 容 简 介

本书在简要介绍 CRTSⅡ型双块式无砟轨道不同结构形式的基础上，详细介绍了 CRTSⅡ型双块式轨枕的施工工艺，并结合规范要求提出了产品质量控制要点，介绍了施工时需要完成的施工准备和施工测量工作内容，介绍了 CRTSⅡ型双块式道床施工中的物流组织规划和机械法施工设备组装及转场工作，介绍了 CRTSⅡ型双块式无砟轨道路基支承层、桥梁底座板施工的工艺流程和人工模筑法施工的技术要点，详细介绍了机械振动嵌入法施工的工艺流程和技术要求。

图书在版编目（CIP）数据

CRTSⅡ型双块式无砟轨道轨枕预制与铺设技术/李昌宁，戴宇主编. —北京：中国铁道出版社，2013.3
（高速铁路无砟轨道施工技术丛书）
ISBN 978-7-113-15567-4

Ⅰ. ①C… Ⅱ. ①李… ②戴… Ⅲ. ①高速铁路-无砟轨道-板式轨道-预制工艺②高速铁路-无砟轨道-板式轨道-铺设
Ⅳ. ①U213.2

中国版本图书馆 CIP 数据核字（2013）第 038070 号

书　　名： 高速铁路无砟轨道施工技术丛书
CRTSⅡ型双块式无砟轨道轨枕预制与铺设技术
作　　者： 李昌宁　戴　宇

责任编辑： 傅希刚　**编辑部电话：** 市（010）51873142　**电子信箱：** fxg711@163.com
封面设计： 冯龙彬
责任校对： 张玉华
责任印制： 陆　宁

出版发行： 中国铁道出版社（100054，北京市西城区右安门西街 8 号）
网　　址： http://www.tdpress.com
印　　刷： 北京精彩雅恒印刷有限公司
版　　次： 2013 年 3 月第 1 版　2013 年 3 月第 1 次印刷
开　　本： 850 mm×1168 mm　1/32　印张：3.125　字数：58 千
书　　号： ISBN 978-7-113-15567-4
定　　价： 15.00 元

序

根据国家《中长期铁路网规划》，到2020年，全国铁路营业里程将达到12万公里，主要繁忙干线实现客货分线，建设客运专线铁路1.2万公里，初步形成以“四纵四横”为骨架并与环渤海、长江三角洲、珠江三角洲地区城际客运系统相连接的高速铁路网。随着京沪高速铁路这一具有里程碑意义的主要干线的开通运营，高速铁路在国民经济建设和提高综合国力中所发挥的作用将越来越大。

高速铁路中大量采用了无砟轨道技术。我国在高速铁路前期研究的基础上，采用引进、消化、吸收和再创新的形式进行技术攻关、工程实践，形成了具有完全知识产权的中国无砟轨道技术。

《高速铁路无砟轨道施工技术丛书》是我国工程技术人员在高速铁路无砟轨道现场工程施工中不断探索、攻关、创新的技术结晶。我们组织工程技术专家编撰这一套技术丛书，旨在进一步推广和提高无砟轨道技术，希冀给无砟轨道的标准、设计等提供可靠的参考意见和建议。

本系列丛书的作者们来自施工生产一线单位，虽经多方查证并倾力而为，乃至字斟句酌，然仍属一孔之见，难免留有疏漏和错误之处，希望广大技术人员不吝赐教。

前　言

于2010年初开通运营的郑西客运专线，是我国“四纵四横”铁路客运专线网络的重要组成部分，也是第一条连接中国中部和西部地区的高速铁路。线路全长约484 km，全线采用CRTSⅡ型双块式无砟轨道结构。它主要是以框架固定轨排、支脚横梁定位，采用机械振动的方法将预制的双块式轨枕嵌入已先浇筑好的混凝土中，一次性形成均匀连续的钢筋混凝土整体道床。

本书共分十章，按工序对CRTSⅡ型双块式无砟轨道施工技术进行介绍和说明，包括无砟轨道结构设计、双块式轨枕预制生产、设备组装及转场、无砟轨道控制测量、支承层施工、底座施工、道床板混凝土浇筑、支脚安装与定位，机械振动嵌入法施工等，重点就施工技术要点、资源配置及劳动力组织、质量控制要点等关键环节进行了阐述。书中所述技术标准、设计与施工方法、技术要点与质量控制措施等，都是在郑西客运专线等高速铁路工程建设中不断创新、丰富和完善，其中亦借鉴和参考了其他高速铁路工程中CRTSⅠ型双块式无砟轨道施工的宝贵经验，是我国CRTSⅡ型双块式无砟轨道技术的结晶，代表了目前该技术的最先进水平。

本书由李昌宁任主编，由戴宇任副主编，畅亚文、曹德志、陆建新、杨宏伟、徐宏、侯小军、白杨军、朱晓夷等参加编写。在编写过程中,得到了铁道部工程管理中心郭福安、顾秋来、刘增杰等的指导和大力支持,也得到了铁一院及中铁三局等兄弟单位的支持,在此一并表示感谢。

必须说明的是,在郑西客运专线 CRTSⅡ型双块式无砟轨道施工中采用较为昂贵的专用设备,在某种程度上限制了其工程应用。通过我国工程技术人员的不断摸索、创新,研究提出的框架轨排法等施工方法,进一步丰富和发展了 CRTSⅡ型双块式无砟轨道施工技术,为无砟轨道技术进步做出了重要贡献。

书中难免存在疏漏或错误,希望读者提出宝贵意见和建议,以便再版时修改、补充和完善。

目　　录

1 CRTSⅡ型双块式无砟轨道结构概述

根据铁道部统一部署，郑西客运专线采用了CRTSⅡ型双块式无砟轨道系统。此系统是在德国旭普林无砟轨道基础上，结合中国国情创新的一种无砟轨道结构形式。CRTSⅡ型双块式无砟轨道采用机械振动嵌入法（机械法）施工，它是以现场先工序浇筑混凝土，后工序将预制的双块式轨枕以固定架方式通过机械振动法嵌入均匀连续的钢筋混凝土道床内，并适应ZPW2000型轨道电路的无砟轨道结构形式，机械化程度更高。因固定架替代了工具轨组装轨排，所以能够有效地避免混凝土道床在凝固期间受钢轨温度应力变化，以及混凝土徐变影响而产生的混凝土裂纹。其设计施工理念及施工技术在国内尚属首次。

CRTSⅡ型双块式无砟轨道还可以采用钢轨校正横梁架轨法（轨排法）施工，它是先绑扎好钢筋、铺设轨枕和钢轨、组装轨排，再采用专用的钢轨校正横梁进行轨排的精调，最后浇筑道床板混凝土。钢轨校正横梁组装于轨排上方，支承在道床板两侧的底座或保护层上。其抓具固定在工具轨轨头上，通过调整横梁上的水平螺杆和竖向螺杆，可调节轨道的水平和高程。本书对此不作详细介绍，相关内容参见本系列丛书《CRTSⅠ型双块式无砟轨道轨枕预制与铺设技术》。

1.1 路基上 CRTS Ⅱ 型双块式无砟轨道结构

路基上 CRTS Ⅱ 型双块式无砟轨道由钢轨、扣件、双块式轨枕、道床板和支承层等部分组成。路基面上先施工混凝土支承层，然后在其上施作混凝土道床板，其结构参见图 1 和图 2。

钢轨：焊接用钢轨采用 60 kg/m、U71Mn(K)、定尺长 100 m 无螺栓孔新钢轨，其质量应符合《350 km/h 客运专线 60 kg/m 钢轨暂行技术条件》(铁科技〔2004〕120 号)和《郑西客运专线钢轨招标文件》的有关要求。

扣件：采用 WJ-8 B 型扣件。WJ-8 B 型扣件由螺旋道钉、平垫圈、绝缘块、弹条、轨距挡块、铁垫板、弹性垫板和定位于混凝土轨枕内的预埋套管等组成。扣件各项性能应满足《WJ-8 B 型扣件技术条件》的有关规定。扣件零部件技术要求按《WJ-8 B 型扣件零部件制造验收技术条件》执行。

轨枕：双块式轨枕间距一般为 654 mm，道床板板长变化地段，轨枕间距也作相应调整，间距不小于 600 mm、不大于 680 mm，且轨枕中心与道床板结束端的距离不应小于 250 mm。

道床板：道床板为钢筋混凝土结构，宽度为2 800 mm，纵向钢筋采用 ϕ20 mm、HRB335 级钢筋，在每两根轨枕之间设置 1 根 ϕ16 mm、2.7 m 长的 HRB335 级横向钢筋。

路基地段道床板厚度为 240 mm，纵向钢筋为 18 根，采用 C35 混凝土，混凝土道床板为连续施工、无伸缩缝的钢筋混凝土。

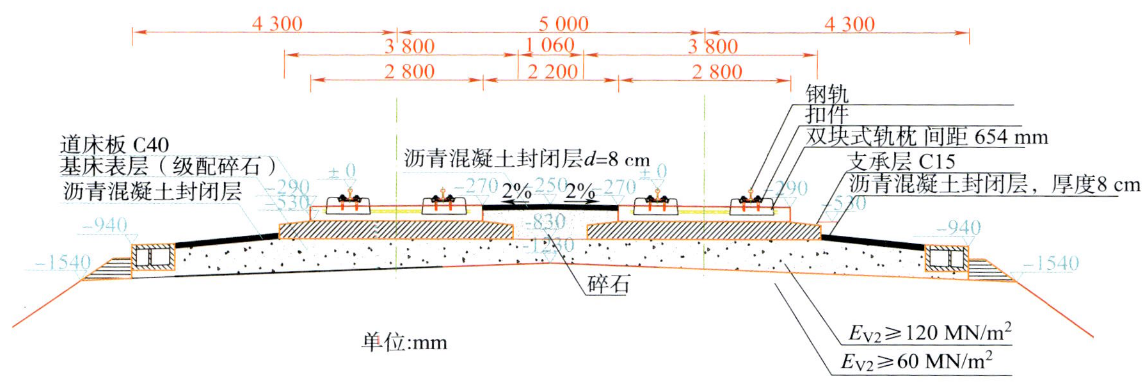

图 1　路基直线地段无砟轨道横断面图

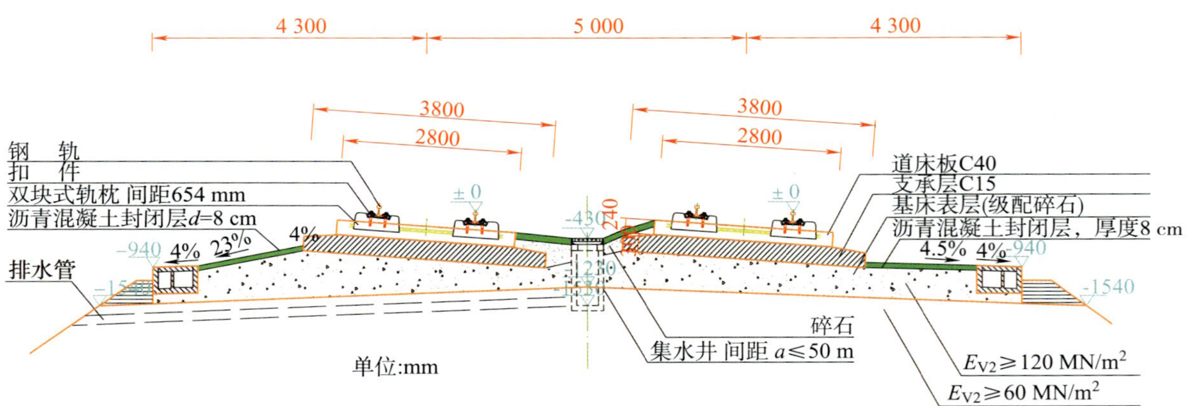

图 2　路基曲线地段无砟轨道横断面图

路基上混凝土支承层直接在级配碎石基床表层上浇筑；混凝土支承层采用 C15 混凝土，支承层宽度为 3 800 mm，厚度为 300 mm。混凝土支承层沿线路方向约每隔 3.27 m 左右设置 1 条深约 100 mm 的横向假缝，伸缩缝位置应避免设置在轨枕下方及两侧 30 mm 范围内。假缝可以通过模板改造提前预留。如果采用切缝方式，应该在混凝土初凝后，并在混凝土浇筑后 24 小时内完成。支承层表面应在混凝土初凝结束前的适当时间进行拉毛处理。

无砟轨道结构高度：路基地段为 830 mm(自内轨顶面至支承层地面)。路基上曲线外轨超高在防冻层上设置。曲线外轨超高应在缓和曲线范围线性过渡。曲线半径 10 000 m对应的外轨超高为 125 mm，曲线半径 9 000 m 对应的外轨超高为 140 mm。进入车站前的曲线半径 9 000 m 对应的外轨超高为 130 mm。

1.2　桥梁上 CRTS Ⅱ 型双块式无砟轨道结构

桥梁上 CRTS Ⅱ 型双块式无砟轨道由钢轨、扣件、双块式轨枕、道床板和底座等部分组成。先在桥梁上施工混凝土底座，然后在其上施作混凝土道床板，其结构见图 3 和图 4。

桥梁地段道床板厚度为 260 mm，纵向钢筋为 18 根，采用 C40 混凝土，混凝土道床板分块浇筑，标准混凝土道床板长度为 6.44 m，非 32 m 简支梁的其他梁型，根据梁长对梁端处道床板板长进行调整，板长不小于 4.0 m，且不大于 8.0 m，相邻两块混凝土道床板之间设置 10 cm 的伸缩缝，每块道床板单元设置两个抗剪凸台。

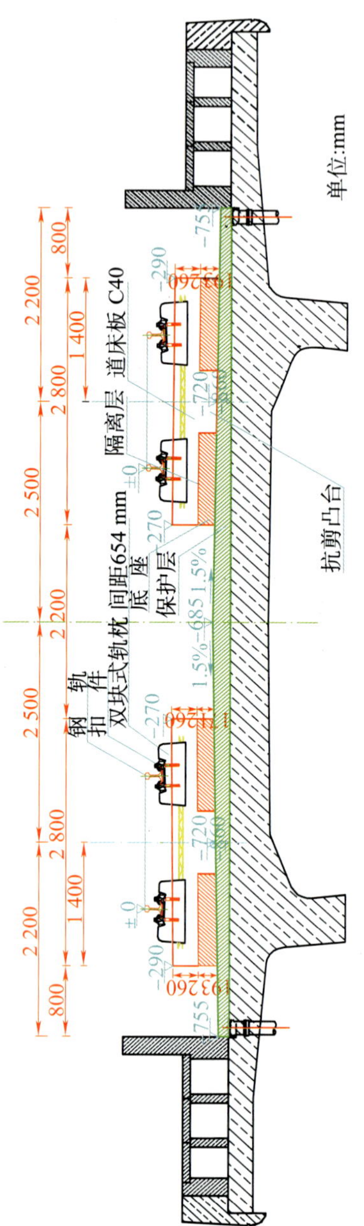

图 3　桥梁直线地段无砟轨道横断面图

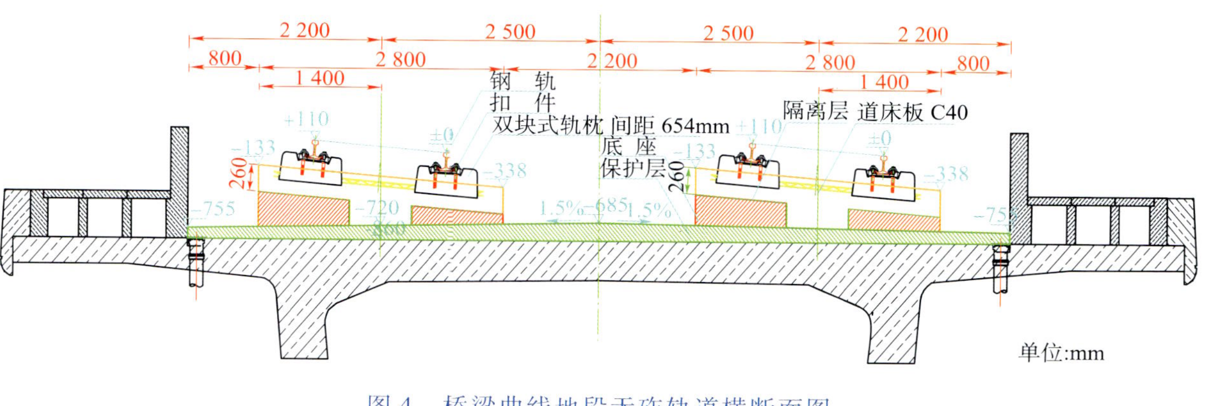

图 4 桥梁曲线地段无砟轨道横断面图

桥梁为混凝土底座，在桥梁混凝土保护层上浇筑，并通过连接钢筋与保护层连接，底座上表面铺设隔离层与混凝土道床板分开；混凝土底座之间设置伸缩缝，设置位置与道床板伸缩缝对应，宽度与道床板一致。底座采用 C40 混凝土，在底座上设置两个与道床板抗剪凸台对应的凹槽。道床板与底座之间铺设土工布，并在凹槽侧面粘贴橡胶垫板。

桥梁地段无砟轨道结构高度：860 mm（自内轨顶面至梁面）。桥梁上曲线外轨超高在混凝土底座上设置。

1.3 隧道内 CRTS Ⅱ 型双块式无砟轨道结构

隧道内 CRTS Ⅱ 型双块式无砟轨道由钢轨、扣件、双块式轨枕、道床板及底座等部分组成。隧道内有仰拱地段，在回填层上先施作支承层，再施工道床板；无仰拱隧道地段，在回填层上先施作钢筋混凝土底座板，再施工道床板。隧道内有仰拱道床结构参见图 5 和图 6。

隧道地段道床板厚度为 280 mm，直线上纵向钢筋为 18 根，曲线上纵向钢筋为 20 根，采用 C40 混凝土，混凝土道床板除在轨道结构缝设置伸缩缝外连续浇筑。隧道洞口附近隧道回填层与道床板之间设置连接钢筋，连接钢筋以植筋方式锚固在回填层上。

隧道地段无砟轨道结构高度：570 mm（自内轨顶面至隧道回填层顶面）。隧道内曲线外轨超高直接在混凝土道床板上设置。

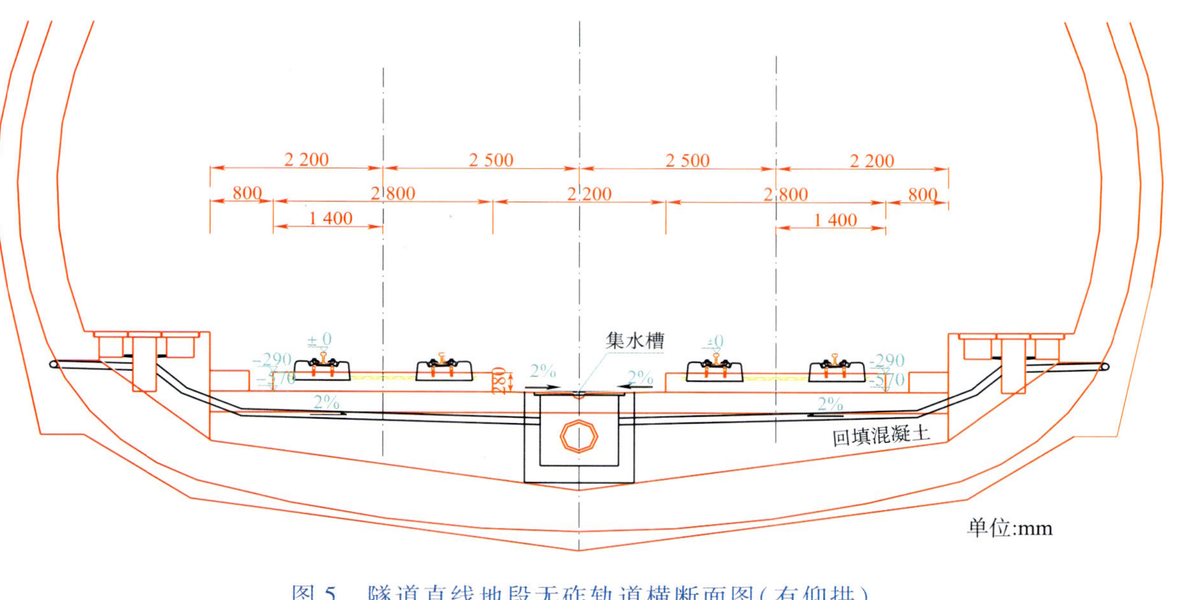

图 5　隧道直线地段无砟轨道横断面图(有仰拱)

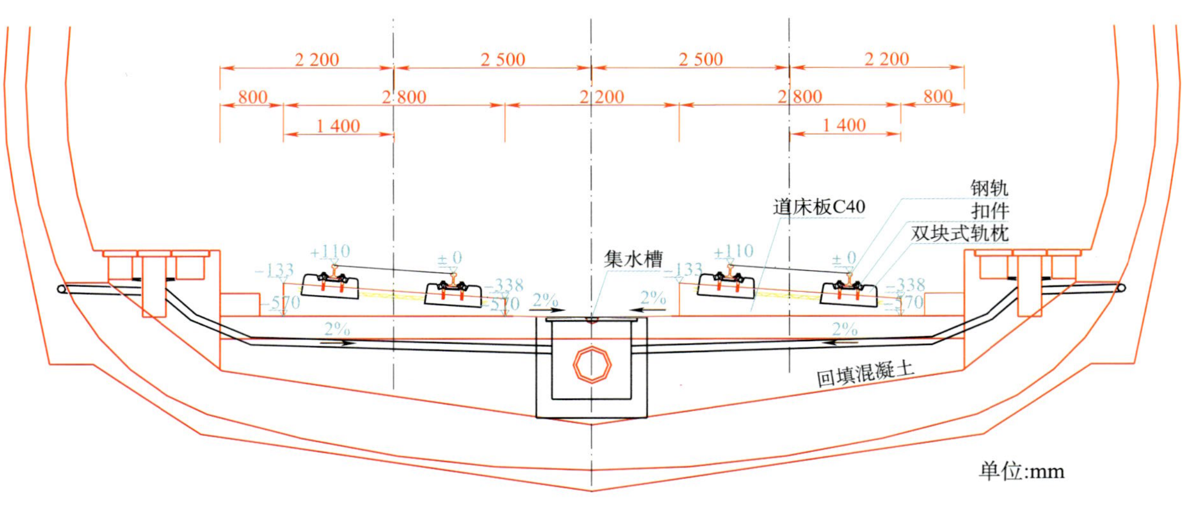

图 6 隧道曲线地段无砟轨道横断面图（有仰拱）

2　CRTS Ⅱ 型双块式轨枕的预制生产

2.1　轨枕厂的基本结构要求

2.1.1　场区功能分区

以中铁一局郑西客专轨枕厂（图7）为例，轨枕厂的基本结构包括生活办公区、轨枕生产区、搅拌站和轨枕存放区。轨枕厂占地约50亩。

生产功能区包括办公生活区、试验室、锅炉房、配电室、物资材料管理等。

郑西客运专线全长436双线公里，中铁一局郑西轨枕厂承担ZXZQ06及ZXZQ10标段85双线公里内26万根旭普林双块式轨枕生产任务。结合当时已知轨枕的生产任务量与工期要求，轨枕生产车间安装1条轨枕生产线，配备2×2模具90套，按25天/月考虑，设计生产能力约为18000根/月。

1　轨枕生产区

轨枕生产区主要包括轨枕生产线、蒸养区、轨枕检测区和钢筋加工区。

2　搅拌站

搅拌站与轨枕生产车间相邻，出料直接进入车间混凝土布料斗。搅拌站型号按设计日生产最大产量来设定。采用电子计量装置、计算机集中控制的管理方式，以提高混凝土品质。

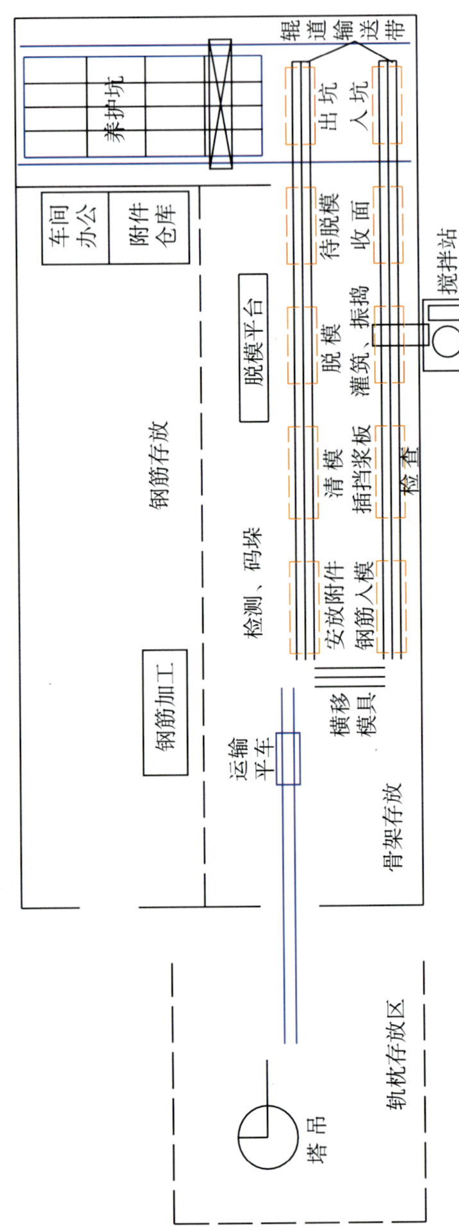

图7　双块式轨枕厂平面布置示意图

试验室与搅拌站相邻，使整个生产区布置紧凑合理。

3 轨枕存放区

轨枕厂内的存放区用于临时存放生产出的双块式成品轨枕。

轨枕应按批次分区存放。成品库地面可采用混凝土硬化地面或条形基础，利用龙门吊或叉车码垛存放，重叠不超过12层，每层5根。在每层轨枕之间放置10 cm×10 cm的垫木。

图8　双块式轨枕存放

2.1.2 轨枕厂选址基本原则

由于双块式轨枕属小构件预制品，采用汽车运输可直接运输至铺设现场。考虑到汽车运输及施工便道路况等特点以及运输成本因素，预制场供应范围应以场址为中心向两边辐射，一般应控制在半径 50 km 范围内。

2.2 工装设备配置

郑西轨枕厂结合当时已知轨枕的生产任务量与工期要求，轨枕生产采用机组流水线作业。轨枕车间流水线由混凝土震动台、辊道输送带、翻模机、蒸汽养护设备、混凝土搅拌及输送设备组成。搅拌站为 HZS60 型搅拌站；起重设备为：轨枕生产车间天车 2 台、轨枕存储和发运采用塔式起重机 1 台、叉车 2 台；轨枕蒸汽养护锅炉 1 台。施工机具配置见表 1，试验、检测仪器装备见表 2。

表 1　轨枕厂主要施工机具配置表

设备名称		规格	数量	备注
(一)搅拌系统				
1	搅拌站	HZS 60	1 套	电子计量系统
2	浇筑斗		1 套	
3	料仓		3 个	
4	灰罐	100 t	3 个	
(二)生产系统				
5	模具	2×2 联	90 套	
6	振动台		1 套	

续表 1

设备名称		规格	数量	备注
(二)生产系统				
7	翻 模 机	专用	1 套	
8	归 拢 机	专用	1 套	
9	辊道输送带		1 套	
10	自动控温设备	专用	8 套	
(三)辅助装备				
11	锅 炉	4t	1 台	蒸汽养护
12	天 车	5t	2 台	
13	塔式起重机	1t	1 台	
14	叉 车	5t	2 台	
15	装 载 机	ZL50	1 台	搅拌站上料

表 2　试验、检测仪器装备表

序号	仪器装备名称	型号规格	单位	数量	备注
1	恒应力抗压试验机	BC-300D	台	1	
2	万能材料试验机	WE-600B	台	1	
3	压力试验机	YA-3000B	台	1	
4	电动抗折机	KZJ-500	台	1	
5	万分之一天平	FA-2004	台	1	
6	混凝土标养室控温控湿仪	FHBS-100	台	1	
7	水泥标准养护箱	YH-40B	套	1	
8	电动震筛机	6611B	台	1	
9	混凝土搅拌机	HJW-60	台	1	
10	水泥净浆搅拌机	NJ160B	台	1	

续表 2

序　号	仪器装备名称	型号规格	单　位	数　量	备　　注
11	水泥胶砂搅拌机	JJ-5	台	1	
12	水泥稠度仪	/	个	1	
13	水泥负压筛析仪	FSY-150B	个	1	
14	混凝土阻力贯入仪	HJ-80	个	1	
15	净浆流动度测定仪	/	个	1	
16	比表面积仪	KBS-2	个	1	
17	压力泌水仪	SY-2	个	1	
18	弹性模量测试仪	TM-2	个	1	
19	混凝土含气量测定仪	7L	台	1	直读式精密
20	数字式绝缘电阻测试仪	DY30	台	1	
21	自动量程数字式多用表	BM3548	台	2	

2.3　轨枕厂施工组织管理

2.3.1　组织机构

中铁一局郑西客运专线轨枕项目部按照项目部组织原则施工，推行项目经理负责制，轨枕厂设五部两室（即工程部、物资设备部、安质部、财务部、综合管理部、试验室、调度室），全面履行合同规定的各项责任和义务。

根据轨枕生产的特点，作业层成立混凝土工班、钢筋工班、吊装工班、模具工班、机修工班、安装工班、综合工班，按照各自的施工任务及满足安全、质量、工期等要求组织施工，确保轨枕生产任务安全、优质、高效、按期完成。

2.3.2 生产管理

施工中视工程进度情况及各阶段施工重点实行劳动力的动态管理，确保按期竣工。

全部工程根据不同项目实行专业化施工，充分发挥专业优势和机械作用。建立考核制度，推行激励机制，最大限度调动员工积极性。

根据施工生产计划以及现场施工需要，及时组织各类人员加强岗前培训，加强质量、安全意识，加强现场劳动纪律管理，加强法律、法规教育。

加强班组建设，落实各项岗位责任制。功能班组人员配备见表3。

表3　功能班组人员一览表

序　号	班　　组	工　作　内　容	人数(人)
1	钢筋工班	负责钢筋骨架拼装	10
2	混凝土工班	搅拌站、灌筑	10
3	模具工班	脱模、打磨模具、涂脱模剂	7
4	吊装工班	天车、叉车、装载机司机及辅助人员	14
5	综合工班	混凝土养护、保卫、车间值班	5
6	机修工班	机械维护、电路修理、生产线控制	5
7	安装工班	预埋套管、钢筋骨架安装	5
共　计			56

2.3.3 工装设备管理

1　工装设备配置

设备部门应认真落实机械设备的配置计划，按动态管理要求组织机械设备进、出场。详细安排设备的调运、订货、安装、调试及操作工人技术培训工作，并按照计划做好其他设备的配置、整修和保养。建立健全各项设备管理制度，落实操作司机责任制，按照规定对各种试验检测设备登记造册，建立台账，按时进行检校，适当配备易损件、易耗件，充分发挥设备效率，保证机械设备、车辆的完好率、利用率达到要求。

设备配置按照一天分两班作业，其中每班次完成 90 套模具轨枕脱模、清理、钢筋入模、混凝土灌筑、蒸汽养护等全部工序。

2　设备(工装)进场验收和安装调试

不同的设备应根据其用途和特性进行调试和验收。专业性强的设备，必须根据相关国家标准或行业标准进行验收。没有相应标准的，应该由生产厂家编制验收标准和调试方法，并组织有第三方参加的验收。

3　轨枕生产模具

中铁一局郑西客专轨枕厂双块式轨枕模具采用 2 × 2 联的组合方式，即 2 根轨枕含 2 对双块。模具加工整高为 360 mm，外宽度为 860 mm(制作取负公差)，模具整长为 5 200 mm。模具进场分批进行验收并统一编号标识。模具进场后，质检人员按照《客运专线铁路双块式无砟轨道双块式混凝土轨枕暂行技术条件》(科技基〔2008〕74 号)要求进行检查验收。检查验收合格的模具还必须试制一组轨枕，轨枕经检验合格后，模具方可投入生产。

4　工装设备使用管理

工装、设备在施工过程中，必须加强使用管理。按照设备管理的相关规定建立设备台账、保管司机(负责人)台账、作业人员的“操作证”台账。机具设备编制有“安全操作技术规程”、管理制度、机械事故处理制度。对于大型施工设备(如混凝土搅拌站等),应编制必要的特殊情况应急预案。

2.4 轨枕厂的物资管理

2.4.1 原材料检验及验收

水泥、掺合料、粗细骨料、外加剂、钢材、螺旋筋、预埋套管等的检验及验收,根据相关技术条件和相关规范、验收标准等技术要求进行。

2.4.2 轨枕原材料管理

物资部门根据实际施工进度计划按月计算出所需材料用量,由供应厂商供应。对材料供应实行动态管理,并设立料库,保证必要的物资储备。

物资部门通过市场调查,掌握市场动态,掌握进料渠道,为顺利完成施工任务提供良好的后勤保障。

物资部门按要求及时对原材料进行检验,取得第一手的材料检验报告,严禁不合格材料入库。

原材料场内要有一定的储存量,以避免因突发事件影响生产。同时,在出现特殊征兆时(比如封道、天气变化等),要提前考虑材料储存。

2.4.3 轨枕成品管理

质量管理部门对产品的质量进行全面检查,按规定的频次抽样。

工程管理部、试验室、物资设备部等部门定期收集有关数据和信息,对潜在的不合格品进行分析并提出报告。

轨枕应有序存放，不合格品单独存放，并减少轨枕搬运次数。每25根轨枕捆扎成一垛，垛底有木托，每垛5层，每层5根轨枕。各层之间应用垫木隔开，垫木块尺寸应统一，上下对齐，堆码存放不超过12层。存放和运输过程中，应保持预埋套管内清洁，可用防尘盖密封。轨枕运输时，避免轨枕桁架钢筋扭曲变形，保持混凝土表面无缺棱、掉角。轨枕装卸过程中应小心轻放，严禁碰、撞、摔、掷。

双块式轨枕由轨枕厂和无砟轨道施工单位进行验收和交接，轨枕专用测量设备由轨枕厂提供，指导施工单位验收人员使用。

无砟轨道施工单位在生产厂内验收时，可对交货产品每3~5批随机抽检一个批次进行验证，以确认轨枕是否符合规定的要求。抽检规则及评判标准按《双块式轨枕暂行技术条件》相关规定执行。

轨枕厂负责在生产厂内轨枕的装车，无砟轨道施工单位负责轨枕的运输安全及工程使用地点的卸车，运至施工地点后必须按规定的要求存放。

轨枕装车时严格按照要求堆码，并保证轨枕垫木处于轨枕承轨面正中位置，垫木上下对齐，以防止在运输过程中由于车辆颠簸造成轨枕钢筋骨架变形影响轨枕质量。

在轨枕装运前，必须严格检查轨枕各部分外观几何尺寸是否满足技术要求。对不符合要求的轨枕应及时处理，防止不合格产品出厂。

2.5 轨枕生产工艺流程

2.5.1 流水线工位安排

流水生产线作业分安放附件、钢筋架入模、放挡浆板、质量检查、混凝土灌筑、抹面、入坑养护、出坑、脱模、清模、成品归拢等工位。

2.5.2 施工工艺流程

施工工艺流程见图9。

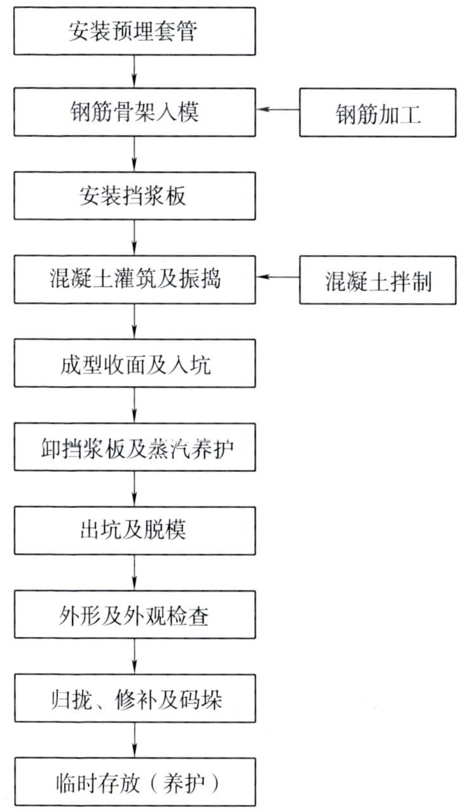

图9 双块式轨枕预制施工工艺流程图

2.6 关键工序作业要点

轨枕生产采用机组流水线作业。轨枕车间流水线由混凝土浇筑设备、模具输送设备、自动液压翻模设备、自动养生设备、混凝土搅拌及输送设备组成。轨枕生产所需的关键(工装)设备主要指轨枕生产模具、搅拌站、布料设备。其对应的模具周转使用、混凝土灌筑是关键工序。

2.6.1 轨枕模具使用要点

1 模具是保证轨枕尺寸精度的关键，必须由加工能力较强的生产厂家制作，以满足轨枕的高精度、高质量要求。

2 应采用精密加工的钢模具，其结构应具有足够的强度、刚度和稳定性，应能够保证轨枕各部分的形状、尺寸及预埋件的位置准确。

3 初次使用模具前，必须对模具进行外观尺寸的检测，不合格的模具不能使用。正常使用期间，定期对模具进行排查，发现变形及时修理，合格后方可使用。

2.6.2 混凝土灌筑

1 基本要求：混凝土强度等级为 C60，混凝土中水泥用量不应超过 500 kg/m^3。在配制混凝土拌和物时，水、水泥、外加剂称量误差不大于 1%，粗、细骨料的称量误差不大于 2%。

2 混凝土采用料斗均匀布料、连续输出。混凝土拌制速度和灌筑速度协调一致，以免灌筑工作因故停顿而使未浇筑混凝土坍落度损失。混凝土坍落度，冬期控制在 20 ~ 30 mm，夏期可控制在 30 ~ 50 mm，入模温度控制在 5 ~ 30℃。

3 若混凝土表面不泛浆、不再下沉、不再出现气泡、表面平坦，表明混凝土已振动密实。严格控制振动时间，不宜过振。为使气泡很好地排除，可采用分层灌筑。灌筑混凝土时应注意监控模具，防止发生挡浆板松动、漏浆等情况。

4 混凝土灌筑完毕后，还应用振动电抹进行一次人工抹面，确保轨枕底面平整。

2.7 轨枕施工作业

2.7.1 钢筋加工

桁架钢筋由上弦钢筋 N1（ϕ12）、下弦钢筋 N2（2 × ϕ10）和波浪钢筋 N3（2 × ϕ6）焊接而成，通常采用机械化电阻点焊法，每个焊点的极限剪切力不能小于 8 kN。

承轨台弯曲钢筋与网片钢筋在专用的胎卡具上焊接，焊接好的钢筋骨架与桁架钢筋也在专用胎卡具上焊接，尺寸与质量须满足设计要求。

钢筋采用钢筋切断机以及钢筋弯曲机等机械设备进行钢筋半成品加工。采用钢筋切断机进行下料，切断后的钢筋按不同编号分开堆放并标识。

桁架钢筋加工时，使用钢筋桁架成型机。桁架加工与其他工序平行作业，其他工序可提前开始，以保证零散钢筋件有一定的储备量。钢筋网片和桁架钢筋的焊接，每班次进行一次抽样检测，重点检查桁架钢筋是否扭曲、各焊接点有无漏焊及假焊等。采用自动化设备生产时，送料、调直、切断、弯曲、焊接成型等，应保证在各部分尺寸符合要求的情况下，各工序间效率相匹配。

表 4　钢筋加工成型尺寸允许偏差

序　号	检　查　项　目	允许偏差(mm)	检查方法
1	钢筋成型后长度方向尺寸偏差	±5	用钢卷尺测量
2	成型后钢筋不在同一平面的偏差	±5	在平台上用钢板尺量
3	桁架钢筋直筋间间距	±1	用钢卷尺测量
4	波纹钢筋波长	±1	用钢卷尺测量
5	上下弦钢筋平行度	2	在平台上用钢板尺量
6	承轨台弯曲钢筋	±5	在 1∶1 样板上测量

2.7.2　模具清理

轨枕脱模后，空模具被输送到清模工位，施工人员采用专业工具(如抛光机、砂布、刮刀等)清理模具腔内的混凝土残渣、粘皮等其他附着物，尤其要重视模具承轨台、预埋套管定位部位，特别要检查模具底部放置钢筋桁架的预留槽内的混凝土是否彻底清除。然后用棉纱布将模具内的残渣清除干净，确保模具内表面清洁。质检人员目测打磨效果，或者用手指在盆体内部进行试摸，检查模具光洁度。图 10 为模具打磨及清理实例。

清理模具的同时，检查模具是否损坏，内部表面是否光滑，有无凹凸现象，有无较深或影响轨枕表面光滑度的刮痕，以及标致牌是否破损、变形等。若有以上现象，立即从辊道上吊出，进行维修和更换。

2.7.3　喷涂脱模剂

喷涂脱模剂时的质量控制点：先喷涂脱模剂，后安装预埋套管，以避免套管外表沾染脱模剂。喷涂脱模剂要适量，不得在模具内有集留。模具内脱模剂要喷涂完整，尤其是模具腔内边角处，否则脱模时会造成轨枕边角破损，影响脱模效果和轨枕表面的光滑度。

图 10　模具打磨及清理

2.7.4　安装预埋套管和螺旋筋

预埋套管安装具体步骤：先检查模具底部预埋套管用的定位销是否稳固，必要时扭紧，并使之与模具底部垂直，然后利用自制的套管安装工具将套管拧紧到定位销上。检查套管与模具底部垂直情况，有问题时须拆下套管，检查定位销并清理定位销四周，无异常后重新安装。图 11 为套管及螺旋筋安装实例。

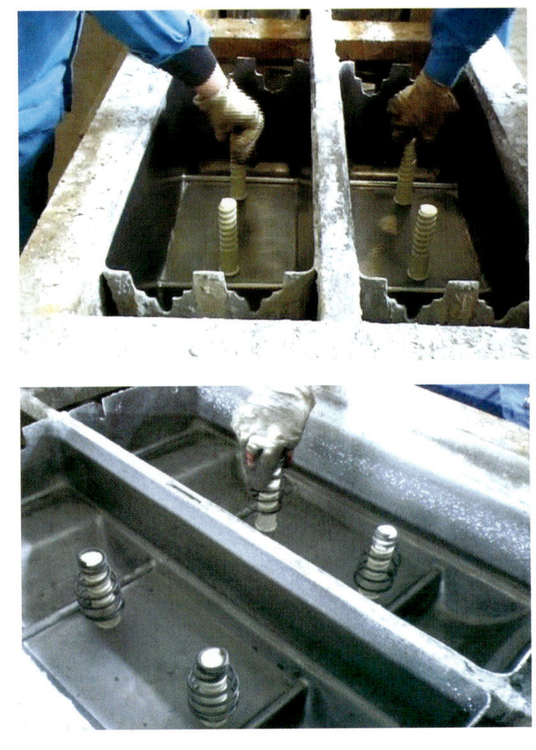

图 11　套管及螺旋筋安装

套管安装的质量应逐个检查，主要检查每个预埋套管与模具底部是否密贴，旋转预埋套管是否有松动现象，预埋套管与模具底部有无间隙（采用塞尺检测工具检测，不能有间隙）。所有检验项目合格后，将螺旋筋安装定位于预埋套管上。定期检查套管定位轴的丝扣是否有磨损。若有，应及时更换。

预埋套管螺旋筋采用直径为 4 mm 的低碳冷拔钢丝，其技术要求符合《一般用途低碳钢丝》(YB/T5294—2009)的规定。该型号钢筋为变径螺旋筋，委外加工时，应严格按照图纸要求做进场验收，不合格品不予接收。

2.7.5 钢筋桁架入模

预埋套管安装完毕后，模具被送到钢筋桁架安装工位，施工人员将钢筋骨架抬到模具内。骨架放入模内时，应注意避免与预埋套管相接触。骨架就位后如有偏斜、扭曲，应进行调整。现场采用平板靠尺，侧向搁置在两边侧模上，用钢尺检查靠尺底部边缘至钢筋上边缘距离，对钢筋骨架在轨枕厚度方向的位置进行调整。

2.7.6 安装挡浆板

挡浆板安装要牢固可靠、位置准确、无松动及漏缝等现象。挡浆板安装完毕后，在混凝土辊道上等待进行混凝土的灌筑、振捣工序。

单块挡浆板按照能够固定相邻两块轨枕块的 4 根上弦钢筋整体设计、加工制作。挡浆板必须能够保证桁架钢筋在模具中不倾斜和上浮。

2.7.7 混凝土拌制和浇筑

1 根据《客运专线高性能混凝土暂行技术条件》的要求进行轨枕混凝土配合比设计，选定符合设计和施工要求的基准配合比，检测各项耐久性指标(抗冻融循环性能、抗氯离子电通量、抗裂性、抗碱骨料反应性能），确保其符合规范要求，最终确定C60混凝土基本配合比，参见表5。

表5 双块式轨枕混凝土施工配合比（每方材料用量）

强度等级	水泥 P.O（42.5）	砂（中砂）	碎石（5～25）	水	外加剂（HT-HPC）	粉煤灰（Ⅰ级）	坍落度
C60	400 kg	638 kg	1 237 kg	125 kg	4.75 kg	100 kg	20～30 mm

2 混凝土拌和物配料采用自动计量装置，粗、细骨料的含水率应及时测定，并按实际测定值调整用水量及粗、细骨料用量，确定施工配合比。原材料投料顺序为砂、水泥→外加剂、水→碎石。

3 炎热季节施工时，采取措施控制水泥加入搅拌机温度不大于40℃，降低混凝土拌和物的温度，以保证混凝土的入模温度满足要求。当昼夜平均气温连续5天低于5℃或最低气温低于－3℃时，应实施冬期混凝土搅拌工艺，严格控制混凝土的配合比和坍落度，采取防冻保温措施确保混凝土质量。当环境温度在－5～5℃时，搅拌前将拌和水升温至40～60℃。当环境温度在－5℃以下，将拌和水加热至60～80℃。在拌制混凝土时，边加水、边加热。拌制时投料顺序为砂→石→热水→水泥→外加剂。搅拌时，先将砂石料和水投入搅拌机拌和均匀，此过程视为对骨料有加热作用；外加剂使用前运入暖棚进行自然升温，不得直接加热。因采用了热拌工艺，为保证混凝土的和易性，拌和时间在原来3分钟的基础上延长0.5分钟。

图 12　混凝土灌筑及检测

2.7.8　拆卸挡浆板

拆除挡浆板时用力要均匀，以防止破坏混凝土外形及改变桁架钢筋的位置。挡浆板拆除后，对桁架钢筋预留槽处混凝土进行修整，使其表面平整、美观。轨枕外露钢筋桁架表面用水泥浆涂刷，确保外露桁架钢筋不锈蚀。

2.7.9　蒸汽养护系统

养护分为蒸汽养护和自然养护。混凝土灌筑完毕后，在养护坑进行蒸汽养护。养护过程分为静停、升温、恒温、降温四个阶段。自动温控设备控制输入蒸汽，增加坑内温度和湿度。图 13 为轨枕养护控制设备。

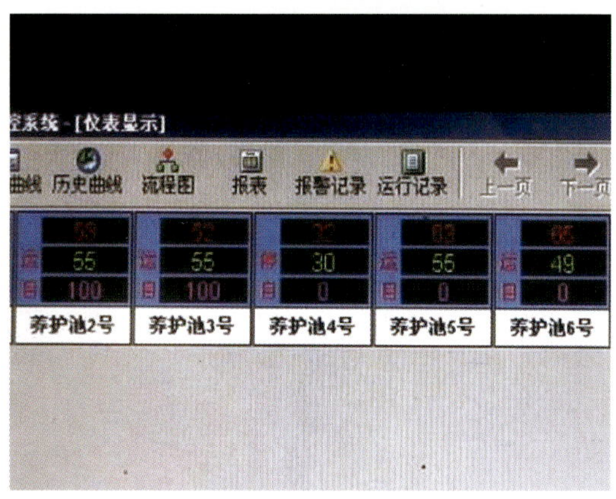

图 13　轨枕养护控制

静停期间应保持坑内温度不低于 5℃，灌筑完成 3 小时后方可升温。升温速度不应大于 15℃/h，恒温控制时，构件芯部温度不超过 55℃，坑内最高温度不超过 60℃；降温时，降温速度不超过 15℃/h。当温度降至混凝土与环境温度之差不超过 15℃时，同条件养护试件强度达设计强度的 70%（相当于 40 MPa）时方可脱模。

2.7.10 脱　　模

轨枕蒸养时间达到要求后，取出一组试件到试验室检验脱模强度。若其强度大于或等于产品要求的脱模强度 40 MPa，轨枕表面与环境温差不大于 15℃，则可进行脱模作业。图 14 为轨枕脱模示例。

采用冲击气锤进行脱模。在脱模过程中，轨枕应均匀下落，并经检查确认轨枕已完全脱落。脱模时，禁止生拉硬撬，严禁使用大锤对模具进行锤击，以免造成模具局部变形或损坏轨枕混凝土。脱模后，应及时检查预埋套管定位装置。如有损坏，应及时检修。

图 14　轨枕脱模示例

2.7.11 自然养护

出坑脱模后自然养护。夏期采用摇臂喷头自动喷淋进行洒水养护，养护龄期为：当日平均气温 10℃ $\leqslant T<$ 20℃时，混凝土保温保湿养护时间不少于 14 天；日平均气温 $T \geqslant 20$℃时，混凝土保温保湿养护时间不少于 7 天。

冬期车间内采暖，保证室内温度不低于5℃，脱模后轨枕在车间内停放至混凝土温度降至室内环境温度，再运行到储存场内，用草帘等覆盖保温。

图15　轨枕洒水养护

2.7.12 预埋套管的抗拔力检测

从外形外观质量抽检的轨枕中抽取 3 根，每根轨枕上个抽取一个套管进行试验。试验后，检查其周围有没有可见裂纹，允许有少量砂浆剥离。预埋套管抗拔力应不小于 60 kN。

图 16 轨枕抗拔力试验

2.7.13 双块式轨枕轨下截面静载抗裂强度检测

试件为轨枕外观质量和各部位尺寸检验合格的产品。试验加载装置如图 17。

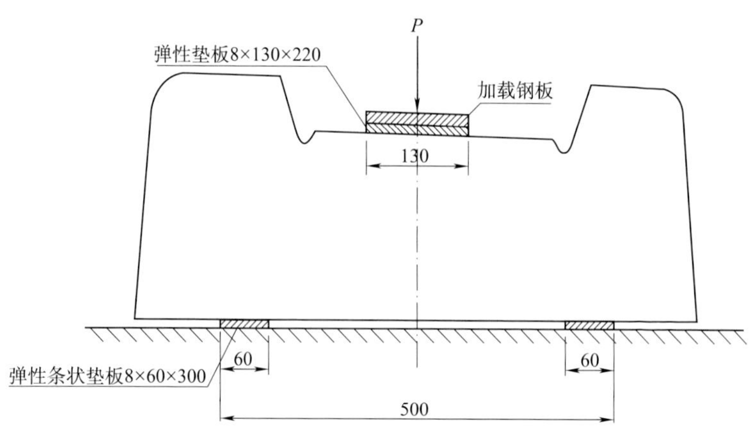

图 17　轨枕静载抗裂强度检测（单位：mm）

根据《客运专线铁路双块式无砟轨道双块式混凝土轨枕暂行技术条件》(科技基〔2008〕74 号)附录 A 进行加载：将轨枕单元放在压力机正中，加载的速度不能超过 5 kN/s。首先将作用在轨枕单元上的压力加到90 kN，持荷从 90 kN 开始，按每级 10 kN 逐级加载。

1　加载到 P_1(kN)至肉眼观察出现第一条裂缝。一般情况下，裂缝宽度应小于 0.1 mm。

2　加载到 P_2(kN)至出现宽度大于 0.2 mm 的裂缝(控制宽度)，此时的荷载即为构件的荷载允许值。记录在荷载 P_2 作用下的混凝土裂缝的宽度。

3　慢慢由 P_2 卸载到 P_3(kN)，结构出现的控制宽度裂缝又闭合。

4　再加载至 P_4 裂缝突然迅速发展，裂缝宽度扩大至 0.4 ~ 0.8 mm。此时的荷载即为构件的破坏荷载值。

5　加载到 P_5(kN)，直至不能继续再加载。

如果试验结果没有达到荷载控制最小值 P_1 和 P_2，重新抽取同一批的轨枕，再次进行检测试验。若仍然不能通过，则再次制枕试验，甚至改变混凝土配合比和选用不同的原材料制枕试验，直至通过试验检验。

2.7.14 轨枕出厂检验及判定

轨枕出厂前需要核对原材料及预埋件检验报告，还需要对轨枕的外形尺寸和外观质量进行检验，混凝土质量通过抗压强度来验证，最后还要对轨枕实体抽样进行静载抗裂试验和预埋套管的抗拔试验。

在抽取样品时，按同等条件生产的不多于 1 000 根轨枕为一批，外观质量和各部位尺寸抽取 8 根，在此 8 根中抽取 3 根进行静载抗裂试验和预埋套管抗拔试验，每根轨枕一端做抗裂试验，另一端选择其中一个套管进行抗拔力测试。抗裂强度检验加载至 90 kN 不出现裂缝即判定为合格；抗拔试验持荷于 60 kN，预埋套管周围没有可见裂纹即为合格。

2.8 质量控制

2.8.1 轨枕外形尺寸偏差要求

轨枕外形尺寸偏差要求见表 6。

表 6 轨枕外形尺寸偏差要求

序号	检查项目	允许偏差(mm)	每批检查数量
1	钢筋桁架上弦距双块式轨枕顶面距离	±3	10 根
2	轨枕全长	+4 −2	10 根

续表 6

序　号	检　查　项　目	允许偏差（mm）	每批检查数量
3	各断面高度	±3	10 根
4	承轨部位轨枕顶部宽度	±3	10 根
5	保持轨距的两套管中心距	±1.5	10 根
6	同一承轨槽的两相邻套管中心距	±0.5	10 根
7	预埋套管距轨槽面 120 mm 深处偏离中心线距离	2	10 根
8	预埋套管的凸起高度	0 -0.5	10 根
9	承轨面表面平整度	1/150 mm	10 根
10	两承轨面间相对扭曲	<0.7	10 根
11	两承轨槽外侧底脚间距离	+1.5 -1.0	10 根
12	同一承轨槽底脚间距离	+1.5 -0.5	10 根
13	承轨槽底脚距套管中心距离	±1	10 根
14	轨底坡（100 mm 范围内）	±0.5	10 根

2.8.2　轨枕外观质量要求

轨枕外观质量要求见表 7。

表 7　轨枕外观质量要求

序　号	检　查　项　目	允许偏差（mm）	每批检查数量
1	承轨部位表面缺陷（气孔、粘皮、麻面等）	长度≤10 深度≤2	全检
2	其他部位表面缺陷（气孔、粘皮、麻面等）	长度≤50 深度≤5	全检

续表 7

序　号	检　查　项　目	允许偏差（mm）	每批检查数量
3	承轨面与挡肩裂纹，双块式轨枕侧面与横截面平行的裂纹	不允许	全检
4	预埋套管堵孔数	不允许	全检
5	双块式轨枕棱角破损、掉角深度	长度≤50	全检

2.8.3 其他质量要求

1 轨枕 28 天强度不得低于产品设计强度等级 C60，抗压强度试验应符合 GB/T 50081—2002 的规定。

2 混凝土氯离子渗透值应小于 1 000 C。氯离子渗透性试验应符合 ASTM C 1260 的规定。

3 预埋套管抗拔力应不小于 60 kN（每批次抽取 5 根轨枕，每根轨枕各抽取 4 个套管），试验后其周围没有可见裂纹，允许有少量砂浆剥离。

4 混凝土内总碱含量不应超过 3.5 kg/m^3。当骨料具有潜在碱活性时，碱含量不应超过 3.0 kg/m^3。由水泥、掺合料、砂、石、外加剂和水带入混凝土的氯离子总量应不超过胶凝材料总量的 0.10%。

3 施工总体工艺流程

3.1 施工总体方案

3.1.1 路基上支承层、隧道内支承层或底座板及桥上底座板均采用人工模筑法施工。

3.1.2 混凝土道床板主要采用“机械振动嵌入法”(简称“机械法”)施工，机械法无法施工地段采用“钢轨校正横梁架轨法”(简称“轨排法”)施工。

3.2 施工总体工艺流程

双块式无砟轨道施工总体工艺流程如图18所示。

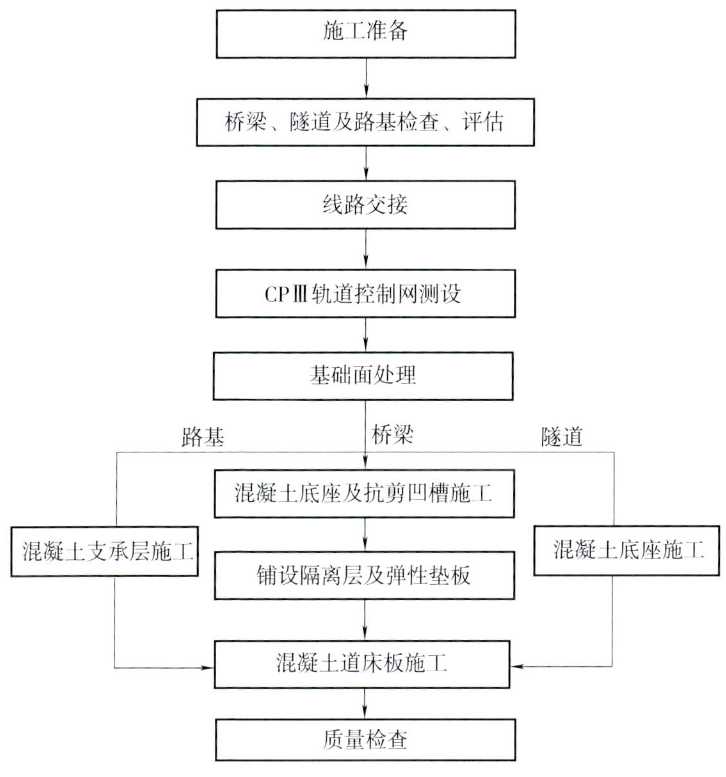

图 18　双块式无砟轨道施工总体工艺流程图

4 施工准备

4.1 施工调查

施工前，应针对无砟轨道施工的特点，详细调查沿线道路交通情况、沿线水源、电源、地材情况，以及具有可行性的双块式轨枕生产场地、钢筋加工场地、混凝土搅拌站设置场地、生产办公场地等，为编制物流组织及施工组织设计提供依据。

4.2 人员培训

双块式无砟轨道施工是一项新技术，培训工作显得极为重要，应引起高度重视。可组织技术、测量、机械操作、现场管理人员参加相关培训，包括理论培训及现场实际操作培训；组织内部研讨，不断深入了解 CRTSⅡ型双块式无砟轨道的施工技术、工艺流程、工艺标准等。

组织无砟轨道施工管理人员集中学习施工测量培训资料、无砟轨道施工培训资料、混凝土施工技术及质量控制培训资料，结合施工实践进行技术总结和技术提升。

新型机械设备进场后，组织有关机械操作人员进行设备实际操作练习，充分了解机械设备性能，规范机械操作程序，对设备实行定人、定机、定岗。

4.3 施工技术准备

向线下施工单位索取轨道工程有关的工程竣工资料，包括桥梁表、隧道表、坡度表、断链表和线路情况说明书等资料，之后将轨道的相关设计文件与线下施工单位提供的工程竣工资料进行认真核对，同时对设计图纸进行会审。

在全面了解无砟轨道相关技术文件的基础上，以无砟轨道工程施工质量验收暂行标准为依据，编制实施性施工组织设计及作业指导书，并经监理及建设单位审查，按照审查意见不断进行完善，进行内部学习及交底，为无砟轨道的施工提供技术保障。

4.4 无砟轨道铺设条件检查及评估

由业主组织咨询、设计、监理、施工单位组成评估小组，按照《客运专线铁路无砟轨道铺设条件评估技术指南》(铁建设函〔2006〕158号)的相关规定，对无砟轨道铺设条件进行评估，在基础沉降满足无砟轨道铺设条件的基础上，方可以进行无砟轨道的铺设。

4.5 设备进场及验收

无砟轨道铺设之前，应尽早安排设备进场，并做好现场调试及验收工作。

4.6 组织施工演练

在正式施工之前，由项目部组织，现场技术、测量、安全、施工管理人员参加，施工人员全部进入岗位，进行施工过程的模拟演练(可设置线外试验段)，及时总结经验，为全面施工做好准备。

4.7 CPⅢ轨道控制网测设及施工控制测量

提前分阶段完成标段CPⅠ、CPⅡ的复测及CPⅢ轨道控制网建立，并完成施工地段的支脚测量定位。

5 物流组织规划

无砟轨道能否顺利施工，与现场物流组织关系密切。现场物流组织主要包括双块式轨枕、钢筋、混凝土的物流组织。

5.1 轨枕运输及存放

双块式轨枕在轨枕厂内按照 5×5 形式捆扎好，轨枕层间放置 10 cm×10 cm×100 cm 的方木。采用运输车运输到安装地点，采用汽车吊卸车。桥梁和隧道地段轨枕垛按 16.35 m 间距摆放在线路两侧的电缆槽盖板上；路基地段轨枕垛按 9.81 m 间距(3×5 形式)摆放在两侧的路肩上。摆放时，在轨枕层间放置 10 cm×10 cm×150 cm 的方木，轨枕底部放置 10 cm×10 cm×100 cm 的方木。

在桥梁上，轨枕运输车利用桥下施工便道行驶到安装地点，在桥面上支立汽车吊将轨枕吊放在防撞墙外侧；连续梁地段，将一台轨枕运输车吊放到桥面上，汽车吊将运输到桥下的轨枕吊放在桥面的轨枕运输车上，采用轨枕运输车二次倒运到安装地点，并用吊车卸车；对于大跨度跨河连续梁，在桥面底座施工前，采用连续梁地段的轨枕运输及二次倒运方式，先将轨枕摆放在防撞墙的外侧，然后再进行底座混凝土施工。

每 500 m 备用 5 根轨枕，以防止摆放在安装地点的轨枕和固定架不能一一对应时造成数量不够。

5.2 钢筋运输及存放

按照设计图纸在钢筋加工场地内对钢筋进行分段切割，抗剪凸台钢筋按设计要求进行弯折加工，并在加工场地绑扎好。

按照混凝土道床板中钢筋的用量，在钢筋加工场地内，将纵向钢筋按每捆 18 根捆好(隧道超高地段每捆 20 根)，横向钢筋按每捆 13 根捆好。然后采用汽车吊卸车，在线路中间位置按双线设计数量以间距 8.4 m 平行于线路走向存放，钢筋下方用短方木支垫，防止被污染。钢筋运输与轨枕运输方式相同。

5.3 混凝土供应

混凝土拌和站集中供应混凝土，混凝土输送车运输混凝土到施工地点的桥下(或路基上)。

混凝土底座施工时，采用混凝土泵车输送的方式直接进行混凝土浇筑。混凝土道床板施工时，采用混凝土泵车直接浇筑或利用布料车中转，将混凝土转移到浇筑地点 。

6 机械法施工设备组装及转场

6.1 设备运输

施工设备可根据运输条件拆解，由吊车装卸，通过卡车运输。

6.2 设备组装

为了确保无砟轨道顺利施工，整个施工机组必须装配好，且性能检测良好。放置施工机组的长度至少为35 m。从真正的施工起始端计算，铺设的钢模板轨道足够将施工机械和工具放在上面。从施工起始端开始，施工机械是按以下顺序排列的：混凝土布料车(混凝土巡回车 ZAM CS)→混凝土捣固机(压实单元 ZAM-CC)→轨枕铺设机(安装单元 ZAM-VU)→轨枕装配车(装配单元 ZAM-SU)→拆卸车(拆卸单元 ZAM-DU)→施工循环车(回收单元 ZAM-MP)，如图 19 所示。

为了使第一个无砟轨道施工段落就能通过施工机械组进行施工，必须在轨道起始端前留有大约 35 m 长的空间。如果在施工起始端的施工机械放置长度小于 35 m，无砟轨道的施工就必须在施工的轨道内向前移动相应的距离。因此，在施工机械放置长度内的无砟轨道不可能通过机械施工，必须在下一个施工程序时，采用钢轨校正横梁架轨法进行施工。

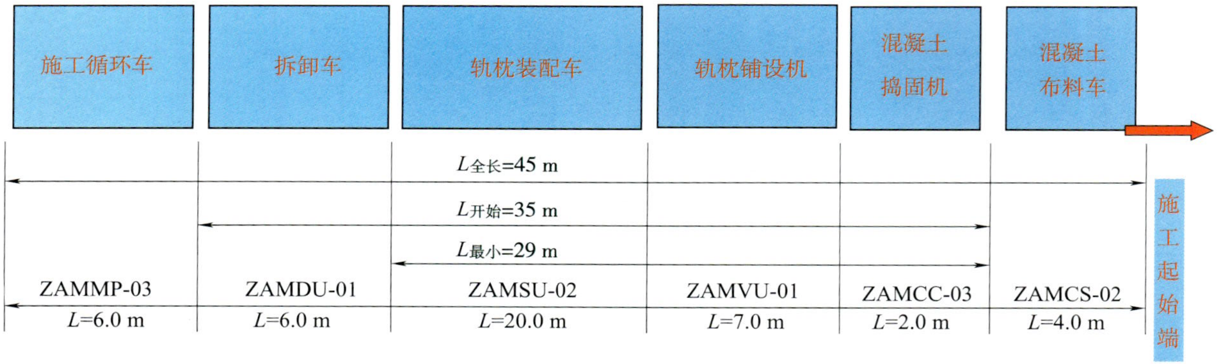

施工循环车	拆卸车	轨枕装配车	轨枕铺设机	混凝土捣固机	混凝土布料车
ZAMMP-03	ZAMDU-01	ZAMSU-02	ZAMVU-01	ZAMCC-03	ZAMCS-02
L=6.0 m	L=6.0 m	L=20.0 m	L=7.0 m	L=2.0 m	L=4.0 m

$L_{全长}$=45 m

$L_{开始}$=35 m

$L_{最小}$=29 m

施工起始端

图 19　施工机械放置示意图

6.3 设备转线

在双线一侧线路(第一轨道)施工结束端前方铺设足够长度的钢模板轨道，并在邻线上铺设相同长度的钢模板轨道。待最后一个施工段落完成后，施工机械前行到钢模板轨道尽头，然后将各单元吊起，调头安放到另一侧线路(第二轨道)已铺设的钢模板轨道上。吊装顺序为：混凝土布料车→混凝土捣固机→轨枕铺设机→轨枕装配车。

拆卸车暂不换位，由其将横梁和轨枕框架运送到装配车(在第二轨道上)停放位置侧面，由装配车上的起重机起吊横梁和轨枕框架。待第一轨道上的横梁和固定架全部拆卸完毕，再将拆卸车移位到第二轨道。

施工循环车不移位，仍然在第一轨道上运行，进行支脚和钢模板轨道的纵向运输。

6.4 设备转场

在铺设无砟轨道段落相距较远的情况下，设备转移受诸多因素的影响。如必须通过卡车运输进行转移，则只能通过公路运输，需要重新拆装无砟轨道施工机械。

7 施 工 测 量

对于机械振动嵌入法施工，支脚的安装及调整精度直接决定轨道最终的精度，需要通过 CPⅢ轨道控制网进行测设和精调；对于钢轨校正横梁架轨法施工，也需通过 CPⅢ轨道控制网和轨道测量系统来完成轨排精确调整定位。因此，CPⅢ轨道控制网的测量显得尤为重要，其测设精度直接关系到轨道最终的精度能否满足设计及规范要求。

7.1 测量总体方案

无砟轨道施工前，首先对管段内设计单位所移交的 CPⅠ、CPⅡ平面控制网、二等水准控制点进行复核联测，然后完成轨道控制网(CPⅢ)的建立。轨道控制网布置成三维坐标网，并与基础平面控制网(CPⅠ)或线路控制网(CPⅡ)进行衔接。CPⅢ高程测量工作应在 CPⅢ平面测量完成后进行，并起闭于二等水准点。轨道控制网(CPⅢ)最终为三维坐标，即每个 CPⅢ控制点集平面、高程于一体。为了确保高速铁路无砟轨道的铺设精度，施工使用的所有测量仪器、测量方法、工具和软件都必须满足技术条件、所需精度和规范之要求。未经检定的测量仪器及测量工具严禁使用。

7.2 平面控制测量

7.2.1 平面控制测量采用全球定位系统(GPS)和全站仪进行。CPⅠ复测按B级GPS测量要求进行，统一测量，整体平差；CPⅡ复测应在CPⅠ的基础上采用GPS测量或导线测量方法，GPS测量控制点分段起闭于CPⅠ控制点，测量等级满足C级要求；导线测量应起闭于CPⅠ控制点，按照四等导线等级进行；CPⅢ平面测量采用自由测站、多测回测角的方法进行，在测量过程中引入CPⅠ或CPⅡ控制点以及需要临时设置的辅助点。

7.2.2 全站仪标称精度：测角标称精度不应大于1″，测角最小读数为0.1″；测距标称精度不应大于2 mm + 2 ppm，测距最小读数为0.1 mm。

7.3 高程控制测量

7.3.1 CPⅢ高程测量采用精密水准仪进行，按照精密水准测量的要求和等级进行测量，采用附合水准的线路进行往返测量。

7.3.2 所使用的仪器及水准尺应符合下列规定：水准仪视准轴与水准管轴的夹角，DS_1级不应超过15″，DS_3级不应超过20″；水准尺上的米间隔平均长与名义长之差，对于因瓦水准尺不应超过0.15 mm，对于双面水准尺不应超过0.5 mm；二等水准测量采用补偿式自动安平水准仪时，其补偿误差Δa不应超过0.2″。

7.4 轨道安装测量

机械振动嵌入法通过 CPⅢ轨道控制网及专用软件精调支脚，采用支脚定位轨道位置；钢轨校正横梁架轨法采用 CPⅢ轨道控制网、测量小车和软件精调轨排。

8 路基上混凝土支承层施工

8.1 结构概述

无砟轨道混凝土支承层是位于无砟轨道道床板和路基基床表层之间的中间过渡层，由骨料、水和水硬性胶结物等组合而成，要求具有一定的强度和较小的收缩形变。支承层的成分与碾压混凝土相类似，是一种具有少量胶凝的土工材料。

在国外，水硬性支承层结构主要应用于德系无砟轨道。1972 年德国开始进行无砟轨道试验研究时，参照公路结构设计，在路基基床表层和道床板之间设置了水硬性支承层结构。随着无砟轨道应用范围的拓展，其工艺方法也由当初的碾压成型发展到现在的滑模摊铺和立模浇筑。

支承层材料均为 C15 普通混凝土，根据施工方法的不同，其配合比也不尽相同。支承层容易出现以下问题：①混凝土强度较高；②用水量较大，混凝土坍落度较大；③胶凝材料较多。以上情况一方面导致支承层收缩量加大，一方面使得支承层刚度过大，减弱了其释放应力能力，从而增加了道床板的开裂趋势。为提高支承层施工质量，降低道床板开裂几率，增加结构的耐久性能，需从配合比设计及施工工艺上加以控制。

郑西客运专线支承层材料的强度等级为 C15，直接在级配碎石基床表层上浇筑，混凝土 28 天强度为 15 ~ 18 MPa，56 天强度为 20 ~ 25 MPa。支承层顶面宽度为 3 800 mm，厚度为 300 mm，两边 50 cm 设置大于 2% 的排水坡，两侧边设置向外倾斜面。混凝土支承层上每隔 3.27 m 左右设置一道横向伸缩假缝，假缝深度为 100 mm。

8.2 施工工艺流程

人工模筑法施工工艺流程见图 20。

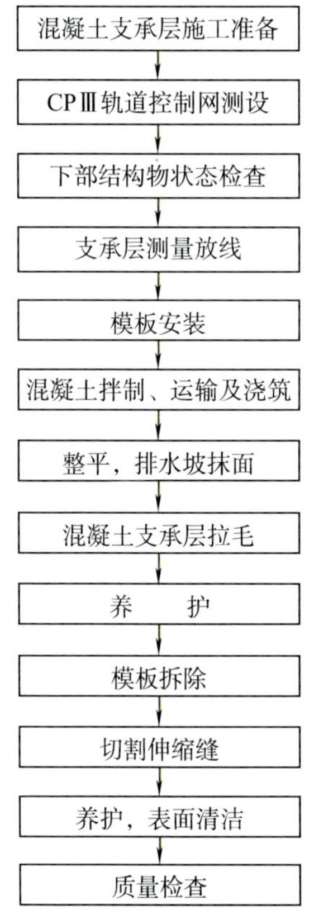

图 20　人工模筑法施工工艺流程图

8.3 施工技术要求

8.3.1 施工准备

1 在开始水硬性支承层施工前，清理基床表层的杂物，按验收标准检查基床表层的施工质量，待符合要求后，以CPⅢ控制点为依据进行模板或基准线桩放样。

2 支承层材料根据其施工方式的不同分为水硬性混合料和低塑性水泥混凝土。无砟轨道支承层原材料应符合《客运专线铁路无砟轨道支承层暂行技术条件》的规定，原材料进场检验合格后，方可使用。

3 混凝土支承层正式施工前，应按技术条件要求提前进行配合比试验。支承层材料施工配合比设计应结合施工现场的水泥、骨料等实际情况，在工地上选配出满足技术条件要求的施工配合比。当主要原材料发生改变时，应重新进行配合比设计工作。

4 正式施工前，可在正线上或线外开展工艺性试验，检测支承层各项指标要求、外观质量及与支承层施工机械工作性能的匹配情况。根据试验情况，调整施工配合比及各种工艺参数。

5 完善排水及安全通道设施，做好施工过程中防雨、防风准备，完善通讯联络渠道。

6 支承层施工前，对路基面进行清理，并洒水湿润，但不得积水。

8.3.2 支承层材料配制及运输

1 支承层材料应在拌和站集中拌制，采用强制式搅拌机搅拌。搅拌前，应严格测定骨料的含水率，及时调整施工配合比。一般情况下，每班抽测2次含水率，雨天应随时抽测。在拌和过程中，不得使用表面沾染尘土和局部暴晒过热的骨料。原材料(按质量计)称量允许偏差：水泥、粉煤灰、减水剂为 ±1%；粗、细骨料为 ±2%；拌和水为 ±1%。混合料投料顺序为细骨料→水泥→粉煤灰，搅拌均匀后加水，搅拌、投入粗骨料，充分搅拌至均匀为止。混凝土搅拌按工艺试验时确定的时间执行，拌和物均匀一致，有生料、成团现象的非均质拌和物严禁用于摊铺。

2 支承层材料采用混凝土搅拌运输车或自卸车运到施工现场，长距离运输应采取覆盖措施，防止拌和料水分蒸发。

8.3.3 人工模筑法施工技术要求

1 将路基表面清扫干净，用水润湿。通过CPⅢ控制点进行支承层边线放样，每隔10 m打上钢钎，并在钢钎上用红油漆标上支承层顶面高程及位置。

2 根据放出的边线，安装两侧模板。立模后，再次测量模板位置和高程，确认是否满足标准要求，对不符合要求的位置进行调整。

3 模筑法施工时，支承层采用低塑性混凝土。

4 采用机械对混凝土拌和料进行布料，并采用振动棒振捣密实。振捣时间应根据设备功率试验确定，以混凝土表层出现液化状态为宜，不得过振和欠振。

5 当浇筑停顿时间超过混凝土初凝时间时，应中断浇筑并设施工缝。再次浇筑时，应将施工缝处的松散骨料剔除，并用水将接触面润湿。

8.3.4 拉毛处理

混凝土初凝前，对支承层表面及时进行拉毛处理。拉毛可选用自制专用滚轮进行，这样有利于拉毛痕迹均匀、一致。对两侧边缘 35 cm 范围，应进行收面抹光，以便于排水。

8.3.5 切缝处理

支承层施工完后，根据不同的施工方法，通过试验确定合适的切缝时机。通常应在 24 小时内进行横向切缝，缝深不小于支承层厚度的 1/3。一般情况下，沿线路方向每 5 m 设置一道横向切缝。

8.3.6 混凝土养护

支承层混凝土施工完成后，及时覆盖保湿养护。覆盖应全断面覆盖，养护时间不少于 7 天。混凝土在未达到要求的强度前，禁止行驶载重车辆。

8.4 现场作业组织

人工模筑法施工劳动力配备见表 8。

表 8 路基段支承层施工劳动力组织

序号	分工	人数(人)	备注
1	弹立模边线	4	
2	钻模板定位孔	3	
3	安装模板	10	
4	混凝土浇筑	8	不包含混凝土运输人员
5	抹面	10	

续表 8

序号	分工	人数(人)	备注
6	养护	6	
7	拆模及模板倒运	12	
8	切假缝	3	
9	电工及看守等	4	
合计		60	

8.5 主要机具设备配置

人工模筑法主要施工机械设备配置详见表9。

表9 主要施工机械设备、机具配置表

序号	设备名称	型号规格	单位	数量	备注
1	混凝土搅拌站		座	1	
2	混凝土输送车		辆	4	
3	冲击钻		把	2	固定模板钻孔用
4	模板		m	600	
5	振动棒		台	3	
6	高压水枪		套	1	
7	混凝土切缝机		套	1	
8	混凝土抹子		把	5	
9	养护布		m	2 000	
10	洒水车		辆	1	

8.6 质量检测和验收

8.6.1 支承层原材料、施工、检验应符合现行《铁路混凝土工程施工质量验收标准》及《客运专线铁路无砟轨道支承层暂行技术条件》(科技基〔2008〕74)号的相关规定。

8.6.2 施工中按《客运专线铁路无砟轨道支承层暂行技术条件》(科技基〔2008〕74号)的相关规定制作试件，检验支承层混合料的抗压强度。

8.6.3 采用立模现浇方法施工时，模板安装允许偏差应符合表10的规定。

表10 模板安装允许偏差

序号	检查项目	允许偏差(mm)
1	中线位置	10
2	顶面高程	±3
3	内侧宽度	+10 0

8.6.4 混凝土支承层外形尺寸允许偏差和检验方法应符合表11的规定。

表11 混凝土支承层外形尺寸允许偏差和检验方法

序号	检查项目	允许偏差(mm)	检验数量及方法
1	厚度	±20	尺量
2	中线位置	10	全站仪
3	宽度	+15 0	尺量
4	顶面高程	±5	水准仪
5	平整度	10	3m直尺测量

8.7 质量控制

混凝土支承层强度不宜过高，以减少后期裂缝产生。施工完成后，支承层应满足平整度要求，尤其是两侧排水坡应按设计要求抹面，并保持一致，确保钢模板轨道及支脚安装到位后能够保持平整、不松动。

8.7.1 混合料(低塑性混凝土)应采用拌和站进行集中拌制。由于混合料的坍落度较小，应优先采用混凝土罐车运输。若采用其他运输车运输，应视环境温度，对混合料进行覆盖，防止水分散失。

8.7.2 捣固密实后，需采用小型机具(四辊轴或平板振捣梁)整平，然后利用专用机具进行纵向拉毛。拉毛效果须满足设计要求。

8.7.3 应视现场气候情况，在不损坏支承层结构的情况下，及时拆除模板进行切缝。切缝应尽量保证在浇筑后24小时内进行。切缝过早，混凝土尚未达到一定强度，对粗骨料握裹力不够，容易使骨料飞溅，影响切缝质量。切缝过晚，支承层容易随机产生裂纹，对道床板结构将产生一定影响。施工中，合适的切缝时机应根据混凝土性能和浇筑时外界环境温度通过试验确定。

8.7.4 施工缝应留直茬，加强捣固，并做好保湿养护，待下次浇筑前，对接茬面进行凿毛并湿润。如果施工缝按传统施工留斜茬，容易在此处产生不规则裂纹，最终引起上部道床板结构产生不规则裂缝。

9 桥上混凝土底座施工

9.1 结构概述

桥梁地段，在混凝土道床板与桥梁保护层之间设置混凝土底座。单个混凝土底座标准长度为 6.44 m，宽度为 2 800 mm。非 32 m 简支梁的其他梁型，根据梁长对混凝土底座长度进行调整。调整方法为：根据轨枕间距，在 6.44 m 基础上加长或缩短，且底座板长不小于 4.0 m、不大于 8.0 m。相邻两块混凝土道床板之间设置 10 cm 的伸缩缝，每块道床板单元设置两个抗剪凸台。

底座采用 C40 混凝土，在底座上设置两个与道床板抗剪凸台对应的凹槽。道床板与底座之间铺设土工布，并在凹槽侧面粘贴橡胶垫板。

直线上底座内侧高 172 mm，外侧高 194 mm；超高 125 mm 地段，曲线内侧底座高 137 mm，曲线外侧底座高 324 mm；超高 140 mm 地段，曲线内侧底座高 130 mm，曲线外侧底座高 346 mm。直线与曲线超高地段采用线性过渡。

每一块混凝土底座设置两个凹槽，直线上凹槽尺寸为长 0.37 m，宽 0.72 m，如图 21 所示。

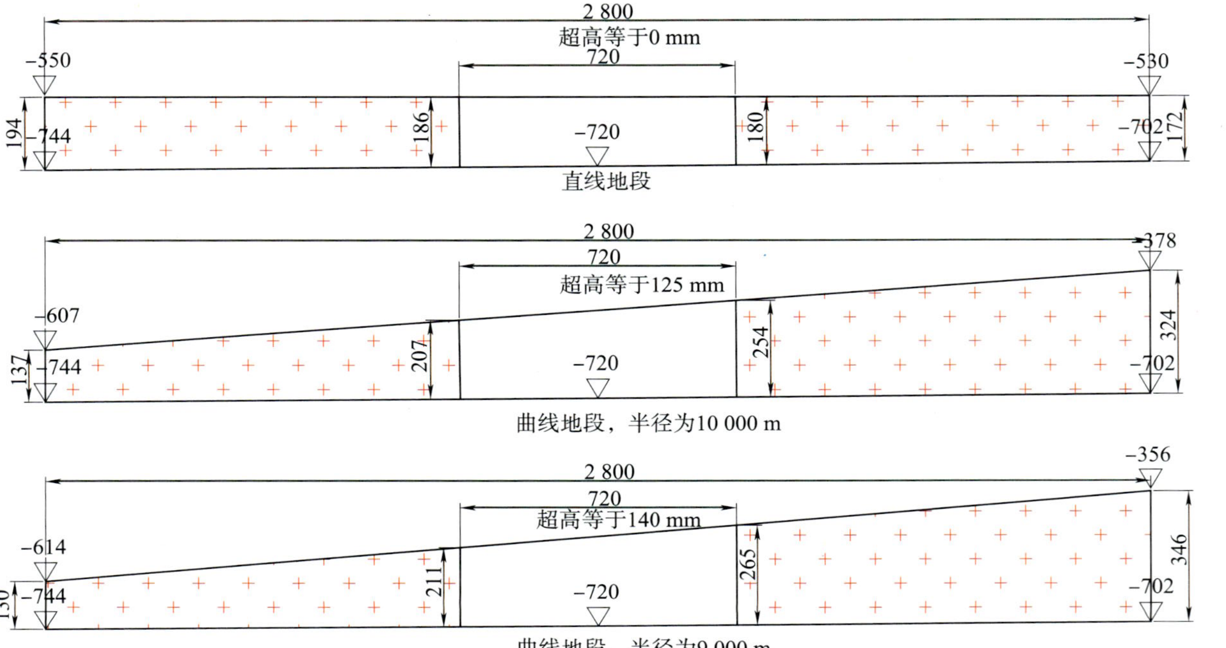

图 21　混凝土底座凹槽设置(单位:mm)

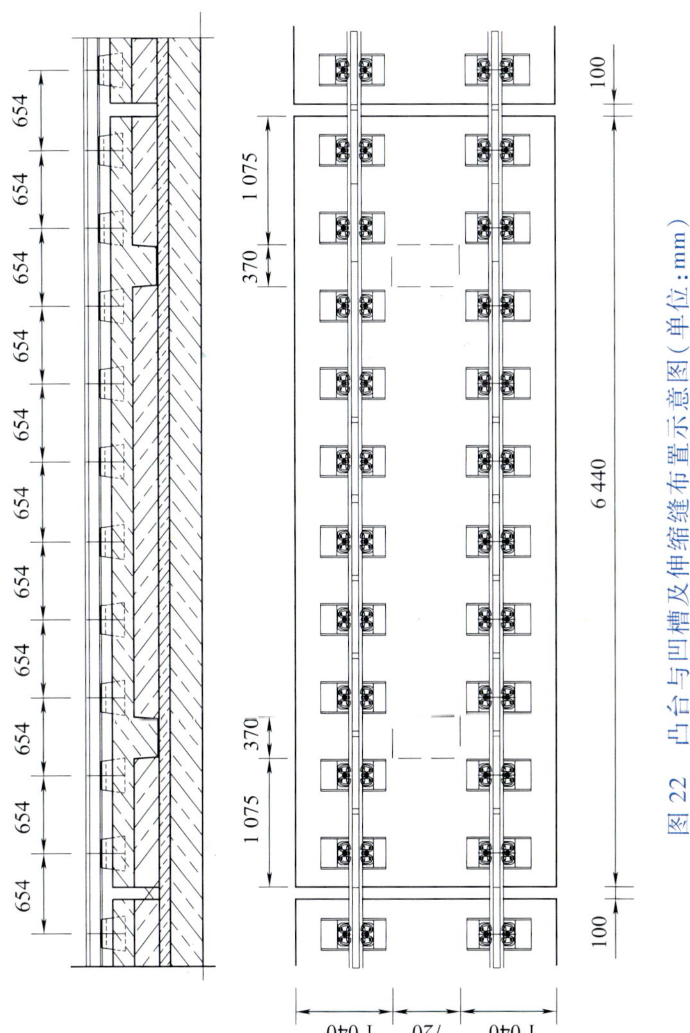

图 22　凸台与凹槽及伸缩缝布置示意图（单位：mm）

9.2 施工工艺流程

混凝土底座施工工艺流程如图 23 所示。

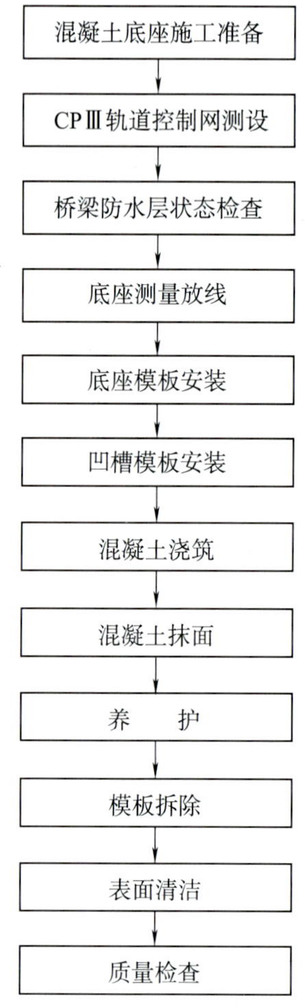

图 23　混凝土底座施工工艺流程图

9.3 施工技术要求

9.3.1 施工准备

清理保护层上的杂物，保持混凝土面的清洁。

为了防止混凝土硬化前所需要的水分被保护层混凝土吸收，施工前需提前对保护层混凝土进行预先湿润处理。

9.3.2 施工定位测量

先利用已经布设好的CPⅢ控制网进行自由设站，在梁面上放出支脚点位，然后用水准仪测出支脚点的高程，并用小电钻钻孔，用红油漆做好标记。

根据支脚放样点位，用钢尺拉出侧模板安装边线的位置点、凹槽的模板边线位置、结构缝处模板边线位置点，并弹好墨线。

底座凹槽必须精确定位。若定位不精确，会使抗剪凸台移位，导致道床板抗剪凸台布设钢筋的移位，进而影响轨枕的振动压入施工。

9.3.3 模板安装

根据弹出的模板边线，精确安装侧模板、结构缝端模板和抗剪凹槽模板。两侧模板连续设置，在结构缝处安装横向模板。模板安装必须稳固牢靠，接缝不得漏浆。

模板与混凝土接触面必须清理干净，并涂刷隔离剂。模板安装后，调整模板的安装尺寸，满足模板安装允许偏差要求。模板底部与底面接触缝隙用砂浆或其他密封材料密封。

9.3.4 钢筋绑扎

底座钢筋按设计要求进行绑扎。抗剪凹槽前后从混凝土保护层伸出的连接门形筋，可采用水平布置的箍筋对其进行固定。在混凝土浇筑前，需对预埋筋位置进行复核，对其上残余混凝土及老锈进行清除，并对偏斜的钢筋进行复位。

9.3.5 混凝土面高程控制

根据支脚放样点的实测高程，用钢卷尺和水平尺把高程引到模板的顶部，并计算出高程，然后计算出模板顶面到混凝土顶面的距离，以此方法来控制混凝土面的设计高程。

两点的混凝土面高程达到设计高程后，用 3 m 的铝合金方管来找平。

9.3.6 混凝土浇筑

混凝土振捣采用插入式振动器。混凝土要振捣密实，振捣时振捣点分布均匀，振捣不能有漏点。在模板外侧用橡胶锤敲击，减少与模板表面接触的混凝土中气泡，以免出现蜂窝麻面。灌筑完成后，及时收浆抹面。在混凝土初凝前进行二次收面，防止龟裂，并及时养护。

混凝土表面应密实、平整、颜色均匀，不得有蜂窝、疏松和缺棱掉角等缺陷。

9.3.7 拆除模板及养生

混凝土强度达到 2.5 MPa 以上，其表面及棱角不因拆模而受损时，方可拆模。拆模时不要碰掉混凝土的棱角，拆下的模板要轻拿轻放，不得随意丢弃固定模板用的螺钉等小机具。

混凝土初凝后立即养生，养生期不少于 7 天。养生期间采用草帘或土工布等覆盖，应保持混凝土表面潮湿，避免烈日直射。

冬期施工时应注意混凝土入模温度，并采取保温措施防止混凝土受冻。

9.4　现场作业组织

混凝土底座单班作业劳动力配备见表 12。

表 12　混凝土底座施工劳动力组织

序　号	分　　工	人数(人)	备　　注
1	弹立模边线及凹槽控制线	4	
2	钻模板定位孔	4	
3	安装模板	10	
4	粘贴凹槽周边弹性垫板	2	
5	混凝土浇筑	8	不包含混凝土运输人员
6	抹　　面	10	
7	养　　护	6	
8	拆模及模板倒运	12	
9	电工及看守等	4	
合　　计		60	

9.5　主要机具设备配置

人工模筑法主要施工机械设备配置见表 13。

表 13　主要施工机械设备、机具配置表

序　号	设 备 名 称	型号规格	单位	数量	备　　注
1	混凝土搅拌站		座	1	
2	混凝土输送车	NT0500D	辆	4	
3	混凝土输送泵	HBT60	台	1	
4	冲 击 钻		把	2	固定模板钻孔用
5	模板支撑		个	80	支撑模板
6	模　　板		m	600	
7	插入式振捣器		个	4	
8	高压水枪		套	1	
9	混凝土抹子		把	5	
10	养 护 布		m	2 000	
11	手 推 车		辆	4	倒运模板

9.6　质量检测和验收

9.6.1　混凝土底座及凹槽模板安装允许偏差应符合表 14 的规定。

表 14　混凝土底座及凹槽模板安装允许偏差

序　号	项　　目	允许偏差(mm)	备　　注
1	顶面高程	±3	每 5m 检查 1 处
2	宽　　度	+10 0	每 5m 检查 3 处
3	中线位置	5	每 5m 检查 3 处
4	伸缩缝位置	5	每条伸缩缝检查 3 处
5	凹槽位置及长、宽、高程	±3	每个凹槽

9.6.2 混凝土底座外形尺寸允许偏差应符合表15的规定。

表15 混凝土底座外形尺寸允许偏差

序号	检查项目	允许偏差(mm)	备注
1	中线位置	10	全站仪:1处/40 m
2	宽度	+15 0	尺量:1处/20 m
3	顶面高程	+5 -15	水准仪:1处/20 m
4	平整度	10	9 m直尺:1处/20 m

9.6.3 抗剪凹槽外形尺寸允许偏差应符合表16的规定。

表16 抗剪凹槽外形尺寸允许偏差

序号	检查项目	允许偏差(mm)	检查数量
1	中线位置	10	施工单位每个加密基桩处检查一处
2	两凹槽(凸台)中心间距	±3	
3	横向间距	±3	
4	纵向间距	±5	

9.7 质量控制

9.7.1 底座施工质量直接影响后期混凝土道床板施工质量，尤其是模板中线定位以及模板稳定性控制。由于其宽度与道床板宽度相同，因此一定要确保其不跑模，不出现错台，否则这些缺陷会妨碍道床板混凝土施工，影响最终混凝土质量。

9.7.2 模板严格按照设计图纸加工制作，测量人员按照

±5 mm 的精度进行模板边线测量放线。

9.7.3 底座凹槽必须精确定位。若定位失误，会使抗剪凸台移位，导致道床板抗剪凸台的布设钢筋移位，进而影响上部轨枕的压入施工，所以在进行下部结构板的混凝土施工前，必须仔细地复查抗剪凸台位置精度，出现偏差时立即改正。

9.7.4 混凝土底座施工过程中，应对桥面保护层、防水层及桥梁其他附属设施进行有效的保护，施工废弃的混凝土应及时清理。

10.3.2 施工材料准备

双块式轨枕在轨枕厂内按照 5×5 形式捆扎好，轨枕层间放置 10 cm×10 cm×100 cm 的方木。运输车运输到安装地点，采用汽车吊进行卸车。桥梁地段轨枕垛摆放在线路两侧的电缆槽盖板上，路基地段摆放在路基两侧，隧道地段摆放在隧道内电缆槽上，道床板所需钢筋卸放至双块式轨枕侧旁。

10.3.3 桥上铺设隔离层

桥梁地段，在混凝土底座与道床板之间设计有隔离层。在铺设隔离层之前，应先将下部结构和底座凹槽处表面清理干净，仔细检查底座顶面平整度、清洁度，必要时进行打磨处理。隔离层材料使用聚丙烯长丝纺粘针刺非织造土工布，铺设在下部结构表面，并适当固定。首先将整张薄膜铺在下部结构表面，然后在抗剪凸台的位置用裁刀割出方孔。割下的那块土工布铺在凹槽底部混凝土保护层的表面。在凹槽边缘的隔离层应向外伸出约 5～10 cm。

土工布应铺贴平整，无破损，搭接及边缘无翘起、空鼓、皱褶、脱层或封口不严等缺陷，搭接质量符合设计要求。抗剪凹槽四周按照设计要求进行弹性垫板的安装，并用粘结材料固定。土工布与弹性垫板的接缝采用胶条密封，以确保混凝土浇筑时不会有混凝土渗入隔离层内。道床板施工结束后，将隔离层沿边剪齐。

10.3.4 支脚安装及精调

1 支脚安装

在轨道中心线两侧，按支脚放样点安装支脚。支脚安装采用尼龙锚栓固定在支承层（路基上）、桥面保护层（桥上）或隧道底板混凝土上，每个支脚需要四个尼龙锚栓。支脚坐标预先计算好，利用CPⅢ控制网和支脚的计算里程，在现场测量放出支脚定位点，现场测量放出支脚定位“十”字线。利用定位模具，在基面上辅助定位四个钻孔的位置，然后采用冲击钻钻孔（钻孔深90 mm，钻孔直径为14 mm）。将尼龙套管（套管外径14 mm，内径12 mm）埋入钻好的孔内，对好螺栓安装位置安放支脚，用电动扳手拧紧六角螺钉（直径12 mm），将支脚牢固地固定在基础面上。

直线地段，支脚底板与基础混凝土连接时，采用4个M12×140的木螺钉。曲线地段，超高一侧支脚底部需要安装框架。超高为0~75 mm时，安装一层框架；超高为76~150 mm时，安装两层框架。

框架与支脚底板连接安装时，采用4个M12×70的螺栓配螺母。底座与底座连接时，采用与上述规格相同的螺栓和螺母。底座与基础混凝土连接采用相应规格的木螺钉。

首先进行钢模板轨道两端的钻孔，然后在钻孔中插入“固定栓”，以防止钻孔模板滑移，接着完成支脚的4个孔，最后完成剩余钢模板轨道的钻孔。

2　支脚精调

自由测站设好后，对一个CPⅢ点进行测量。如果该点的测量值与设计值三维坐标差小于1 mm，表示设站完成，即刻进行支脚精调，否则重新设站。

通过全站仪的跟踪测量功能，持续显示出实测值和设计值的偏差，调整支脚的三维偏差，直至0.5 mm以内。精度合格后，锁定所有固定螺栓。支脚上部用于调整的钢板，横向调整时不得超过支脚中心位置3 cm，以防止施工中卡住横梁。若横向调整量超过3 cm，需将支脚下部固定螺栓松开，将支脚整体移动后重新固定并精调。支脚上部的调整钢板，纵向要平行于线路中心线。

精调过程中，每调整5对支脚后，都要对先后视距中的任意一个CPⅢ点进行一次检查对比测量。若三维坐标偏差在1 mm之内，可以继续进行支脚精调放样。若超限，则考虑重新设站，并对之前已精调好的支脚进行复测。

由于测站前后10 m范围内的支脚距离太近，影响测量精度，测站点前后10 m范围的支脚在下一测站进行测量。每个测站只进行测站后方(距离测站10 m以外)60 m范围内支脚的精确调整。

10.3.5 钢模板轨道安装

钢模板轨道安装之前，先将模板与混凝土的接触面清理干净，并涂上隔离剂。

钢模板轨道为专用模板，同样采用尼龙锚栓固定在基础上(路基上为支承层上、桥梁上为桥梁保护层上、隧道内为隧道底板上)，每块钢模板轨道需要安装5个尼龙锚栓。在同侧支脚之间，利用标尺将每个套管安装位置放样定点在基础上，然后采用冲击钻钻孔，钻孔深90 mm、直径14 mm。将尼龙套管埋入钻好的孔内，对好螺栓安装位置安放钢模板轨道，用扳手拧紧螺栓固定钢模板轨道。之后旋转钢模板轨道底部的支撑，使钢模板轨道安装稳定、牢固，而后调整模板平整度及设计尺寸。

若在轨道有超高，安装钢模板轨道时，需要加安装框架。桥梁地段，曲线有超高一侧支脚底部需要安装门形框架。超高为 0 ~ 75 mm，安装一层框架；超高为 76 ~ 150 mm，安装两层框架；隧道地段，曲线有超高一侧支脚底部需要安装框架。超高为 0 ~ 120 mm，无需框架；超高为 121 ~ 150 mm，安装一层框架。

框架与钢模板轨道连接安装时，采用 2 个 M20 × 60 的螺栓配螺母和 3 个 M16 × 180 的螺栓配螺母。框架与框架连接时，采用 4 个 M20 × 60 的螺栓配螺母。框架与基础混凝土连接，采用相应规格的木螺钉。

支脚与钢模板轨道之间相互独立，以保证后续各项施工不影响支脚的定位精度。模板安装必须稳固、牢靠，接缝严密，不得漏浆。浇筑混凝土前，模板范围内的积水和杂物须清理干净，经检查符合要求后即可开始下一道工序。

10. 3. 6 钢筋铺设

钢模板轨道安装完毕并经检查合格后，即可开始铺设道床板钢筋。为满足轨道电路传输距离要求，按设计要求作好绝缘处理，钢筋的铺设数量、尺寸、保护层厚度及绝缘性能应符合设计要求。

10. 3. 7 钢筋加工及制作

按照设计图纸在钢筋加工场地内对钢筋进行分段切割，抗剪凸台钢筋按设计要求进行弯折加工，并在加工场地绑扎好。

按照混凝土道床板中钢筋的用量，在钢筋加工场地内，将纵向钢筋按每捆 18 根捆好，横向钢筋按每捆 13 根捆好。然后采用汽车吊卸车，在线路中间位置按双线设计数量以间距 8.4 m 平行于线路走向存放，钢筋下方用短方木支垫，防止被污染。

10.3.8 钢筋绑扎

1 路基上、隧道内混凝土道床板钢筋绑扎

混凝土道床板的配筋包括纵向钢筋（ϕ20 mm，在每个横截面内有 18 根，隧道超高段为 20 根）和横向钢筋（ϕ16 mm/65.4 cm），钢筋级别为 2 级（HRB335）（施工时须以设计图为准）。在轨枕之间每间隔 2 个轨枕放置一组保护层垫块，然后绑扎轨枕下的纵向钢筋（$2\times4\phi$20 mm），再安装轨枕间隔内的横向钢筋，最后铺设上层轨枕块中间及两侧的纵向钢筋（6ϕ20 mm $+2\times2\phi$20 mm），这样形成一个整体的钢筋网架。所有纵向钢筋与横向钢筋之间用绝缘卡绑扎，做好绝缘处理。绝缘性能应满足有关技术条件的规定。

2 桥梁上混凝土道床板钢筋绑扎

在铺钢筋之前，首先清洁钢筋表面（灰尘、油污等），以免影响钢筋与混凝土之间的握裹力。先绑扎抗剪凸台处的钢筋笼，在底座板抗剪凹槽处放置好钢筋撑件，然后将钢筋笼架设于其上。钢筋笼的位置应精确，否则将影响后续轨枕施工。道床板凸台钢筋按照施工图纸进行加工和绑扎，凸台钢筋网间不进行绝缘处理，凸台钢筋网与纵向、横向钢筋的绝缘采用塑料套管或垫片进行绝缘处理，绝缘管长度为钢筋的直径加上 10 mm。

抗剪凸台处钢筋笼安放好后，铺设道床板内的纵向钢筋和横向钢筋，配筋与路基上、隧道内相同。纵向钢筋的铺设始终与抗剪凸台钢筋笼的竖向箍筋错开，以满足钢筋相互间绝缘的要求。最后，布设混凝土道床板单元两端的加强门形钢筋。

图 25　钢模板轨道安装及钢筋绑扎

10.3.9　接地钢筋焊接

纵向钢筋的中间一根和最外侧的两根作为纵向接地钢筋。纵向接地钢筋搭接焊接长度不小于 200 mm，纵向焊缝长不小于 160 mm，且均匀分布在搭接的两头。焊接时，选择好电流等焊接参数，保证焊透、无夹渣，且焊缝饱满。焊接方向为分别从搭接处两头向中间靠拢。

纵向接地钢筋横向连接时，采用 50 mm × 5 mm 的扁钢连接，焊接按照施工设计图纸要求进行，并确保横向连接钢筋与其他非接地纵向钢筋的交叉点保持绝缘。接地端子与扁钢焊接，接地端子应与基础预留的接地系统对齐设置。

桥梁上每块道床板两端均设置接地端子，在道床板内与纵向接地钢筋间呈横向连接。简支梁每孔梁作为一个接地单元。道床板的接地应在梁端与防撞墙上预留的接地端头连接。接地端子距离道床板结束端应不大于100 mm，也不小于50 mm。

10.3.10 钢筋绝缘与接地检查

利用摇表对纵向和横向钢筋的绝缘情况以及接地钢筋之间的绝缘进行检查，应满足ZPW2000轨道电路系统要求，相互绝缘的钢筋之间以及接地钢筋之间的电阻必须达到相关的要求，合格后方可进行后续施工。

10.3.11 混凝土浇筑

混凝土施工前，再次对支脚位置和高程进行检查，在其上安装球形棱镜，精确测量调整支脚左右、前后位置和高程，符合要求后固定。对配筋的绝缘情况进行检测并记录，合格后再进行混凝土施工。

混凝土采用拌和站集中拌制，专用混凝土汽车运输至现场，机械浇筑为主，辅以人工振捣。在混凝土浇筑之前，需将基础面浇水润湿，使之能与新浇筑的混凝土达到最佳的黏合效果，使用混凝土布料车及混凝土振捣机铺平捣实混凝土。

混凝土浇筑采用混凝土泵车进行泵送，混凝土直接浇筑在模板内，用多个振动棒全面捣实，刮平后的混凝土表面应低于设计要求20 mm，做成设计界面形状。

在跨公路或者铁路等地段，混凝土泵车不能进行混凝土泵送的情况下，采用混凝土布料车运输混凝土。混凝土泵车把混凝土泵送到混凝土布料车中，混凝土布料车通过钢模板轨道把混凝土运输到混凝土浇筑点实施浇筑。

因为桥梁上的道床板是一块一块的，混凝土捣固机不投入使用，仅作为动力电源向振动棒供电。在路基上和隧道内的道床板是连续的，可用混凝土捣固机进行混凝土的刮平和振捣。

当轨枕压入混凝土中后，量取轨枕承轨槽到混凝土面的距离。直线地段靠近线路中心的为 75 mm ±5 mm，另一侧为 85 mm ±5 mm，曲线地段两侧均为 85 mm ±5 mm。

图 26　道床板混凝土浇筑

10.3.12　轨枕的嵌入

轨枕铺设机运行到施工处，将横梁准确安放在支脚上，每个横梁承担两块毗邻的固定架，每个固定架上面通过扣件固定 5 根轨枕。固定架缓慢降低到支脚上，通过振动将固定架上的轨枕嵌入新浇筑并已捣固密实的混凝土中，支脚、横梁、固定架和轨枕之间所有接触面必须正确接触。因此，精调后的支脚必须稳固，以此为支点振动嵌入的轨枕位置才能满足设计要求。操作人员彻底检查部件之间的接触面，确认完全接触无误后，轨枕铺设机返回。用手工刮平混凝土表面，用塑料薄膜覆盖养护。

在直线段，将横梁的红色固定端安装在线路左侧支脚上；在曲线段，将横梁的红色固定端安装在设有超高的一侧。

混凝土浇筑的同时，轨枕装配车将线路一侧电缆槽上的轨枕吊到轨枕装配车上并排好，用螺栓将固定架与轨枕固定，然后将装配好的固定架与横梁传送到轨枕装配车前端。

轨枕铺设机将横梁(第一组为两根，顺接时为一根)和一个固定架运送到轨枕安装位置，先将横梁安装在支脚上，将已经安装好的固定架用轨枕铺设机上的吊车吊装到横梁上。当吊装到横梁上方 5 cm 时，将固定架与横梁精确对位，使横梁上的钢球位于固定架支撑部位的中间位置。下落轨枕框架并将轨枕振动压入已经浇筑好的混凝土中，直到固定架与横梁上的球形支撑密贴上，并用塞尺检查固定架与横梁之间的接触面是否密切。若不密切，震动固定架使其达到密切。

轨枕压入后，检查混凝土面的高度以及轨枕埋入混凝土的高度。当其符合要求后，进行混凝土的抹面，人工用木抹子进行抹面，做出要求的横截面形状。用 3 m 长的铝合金方管检查混凝土表面平整度，检查轨枕承轨台到混凝土面的距离。

轨枕铺设机在完成嵌入施工后，回来将后面准备好的横梁和固定架吊起，并运送到前面施工地点进行轨枕的再次嵌入施工。

图 27　轨枕振动嵌入

图 28　轨枕振动嵌入完成

10.3.13　固定架及横梁拆除

混凝土浇筑完毕，经过 4~6 小时养生，混凝土达到一定强度后，使用电动扳手拆除轨枕与固定架连接螺栓，固定架及横梁通过拆卸车运到轨枕装配车上。

图29　拆除固定架

10.3.14　支脚和钢模板轨道拆除

钢模板轨道及连接件、支脚由施工循环车运送到前面的施工地点进行重复组装。拆卸支脚和钢模板轨道，按照相应的运输方式打包支脚和钢轨道模板，纵向运输支脚和钢轨道模板到施工最前端。若单线先行施工，可以用另一侧线路作为运输通道，则可采用有随车吊的汽车将支脚和模板倒运到施工前端；如果一线已经施工完成，则可直接用施工循环车通过道床板边缘形成的通道，从另一线吊装、运输支脚和模板到作业面前端。

10.3.15　固定架组装

轨枕装配车上的吊车将工地摆放的双块式轨枕吊运到装配车上，由人工来分布轨枕，通过扣件将其安装到固定架上，检查轨枕与固定架的位置偏差，做好记录。

组装好的固定架通过辊道输送到装配车的前端，轨枕铺设机在完成嵌入施工后，回来将横梁和固定架吊起运送到前面施工地点进行轨枕的再次嵌入施工。

图 30　固定架组装轨枕

10.3.16　混凝土养护

混凝土在浇筑完毕后，等施工抹面人员把面收平，间隔一段时间（具体以手指轻轻按压混凝土面，表面无痕迹）后，及时覆盖土工布进行养护。盖土工布时，应覆盖混凝土的每一处表面及两个侧面，做到不留死角。

洒水后的混凝土采用塑料薄膜覆盖，养护时间不少于 7 天。冬期施工采用保温性能良好的覆盖物，必要时搭设暖棚。

10.4　现场作业组织

机械振动嵌入法施工单班作业劳动力配备见表 17。

表 17　混凝土道床板施工劳动力组织

序　号	分　　工	人数(人)	备　　注
1	基底处理	3	
2	支脚安装	6	支脚定位孔钻孔,安装支脚
3	铺设隔离层	4	路基、隧道地段无
4	钢模板轨道安装	6	定位孔钻孔,安装钢模板轨道
5	铺设钢筋网	12	路基、隧道地段 8 人即可
6	支脚精调	4	
7	道床混凝土浇筑	20	混凝土浇筑、抹面、养生
8	固定架轨枕组装	7	吊枕、散枕、轨枕与固定架连接
9	轨枕安装	2	
10	拆除固定架、支脚及钢模板轨道	16	含倒运
合　　计		80	路基、隧道地段 76 人

10.5　主要机具设备配置

机械振动嵌入法主要施工机械设备配置见表 18。

表 18　主要施工机械设备、机具配置表

序　号	设 备 名 称	规　　格	单　位	数　量	备　　注
1	手 推 车		个	4	拆除模板
2	空 压 机		台	1	基底处理
3	风　　镐		把	2	
4	钻 孔 机		台	1	支脚安装
5	棘轮扳手		把	2	
6	支　　脚	ZAM-F-750	个	420	

续表 18

序号	设备名称	规格	单位	数量	备注
7	钻孔机		台	1	钢模板轨道安装
8	电动扳手		把	2	
9	钢模板轨道		块	420	
10	钢模板轨道连接轨	ZAM-S-325	套		
11	电焊机	ZX5-400	台	1	铺设钢筋网
12	钢筋切断机	GQ-6/40	台	1	
13	钢筋弯曲机	GWB-40	台	2	
14	发电机		台	1	
15	自卸汽车		台	1	
16	全站仪		套	1	支脚精调
17	梅花扳手		把	1	
18	混凝土罐车	NT0500D	台	6	道床混凝土浇筑
19	混凝土输送泵	HBT60	台	2	
20	混凝土布料车	ZAM-CS-02	台	1	
21	混凝土捣固机	ZAM-CS-03	台	1	
22	插入式振动器		个	2	
23	电动扳手		把	2	固定架组装轨枕
24	轨枕装配车	ZAM-SU-02	台	1	
25	轨枕吊具	自制	套	1	
26	固定架	ZAM-R-325	个	55	
27	横梁	ZAM-T-280	个	57	
28	轨枕铺设机	ZAM-VU-01	台	1	轨枕安装
29	拆卸车	ZAM-DU-01	台	1	拆除单元
30	尾车	ZAM-MP-03	台	1	

10.6 质量检测和验收

10.6.1 支脚安装允许偏差应符合表 19 的规定。

表 19 支脚安装允许偏差

序号	检查项目	允许偏差(mm)
1	相邻支脚轴线平面位置	±0.5
2	支脚顶部高程	±0.5

10.6.2 轨枕铺设允许偏差应符合表 20 的规定。

表 20 轨枕铺设允许偏差

序号	检查项目	允许偏差
1	轨枕间距	±5 mm
2	相邻轨枕承轨台中心高差	±0.5 mm
3	轨枕承轨台轨底坡	1/35 ~ 1/45
4	每枕两承轨台相对翘曲度	1 510 mm × 100 mm 范围内四点误差 <0.7 mm

10.6.3 钢轨校正横梁架轨法施工轨排组装及精调允许偏差应符合表 21 的规定。

表 21 轨排组装及精调允许偏差

序号	检查项目	允许偏差
1	轨枕间距	±5 mm
2	轨距	±1 mm,变化率不得大于 1‰
3	水平	1 mm
4	轨向	2 mm/10 m 弦
5	高低	2 mm/10 m 弦

续表 21

序号	检查项目	允许偏差
6	轨面高程	±2 mm(紧靠站台为 0 ~ +2 mm)
7	轨道中线	2 mm
8	线间距	$^{+5}_{0}$ mm

10.6.4 道床板模板安装允许偏差应符合表 22 的规定。

表 22 道床板模板安装允许偏差

序号	项目	允许偏差(mm)	备注
1	顶面高程	±5	均为模板内侧面的允许偏差
2	宽度	±5	
5	中线位置	2	

10.6.5 混凝土道床板外形尺寸允许偏差应符合表 23 的规定。

表 23 混凝土道床板外形尺寸允许偏差

序号	检查项目	允许偏差(mm)
1	顶面宽度	±10
2	中线位置	2
3	道床板顶面与承轨台面相对高差	±5
4	伸缩缝位置	±5
5	平整度	2(1 m 尺量)

10.7 质量控制

10.7.1 支脚安装应牢固，支脚精调的误差控制在0.5 mm范围以内，通过点和面的传递方式，准确地把轨枕定位到线路设计位置上。

10.7.2 加强支脚、模板的固定措施，选用优质的固定螺钉和尼龙套管，保证固定螺钉的抗拔力不小于10 kN，同时配备相应的六角木螺钉、螺钉和垫圈。钻孔时，孔径应与锚栓直径匹配，不能过大，否则影响锚固螺栓的稳固性。

10.7.3 钢模板轨道不得与支脚接触，应处于独立状态，在施工过程中避免磕碰或扰动支脚。

10.7.4 固定架、横梁、支脚等应定期检校，施工过程中应避免其产生变形。

10.7.5 固定架组装轨枕时，应确保轨枕无变形和扭曲，质量符合要求。轨枕安装完成后，要用塞尺确认轨枕每个承轨面与固定架的连接紧密，固定螺栓扭矩符合设计要求。

10.7.6 钢筋需按设计要求进行绝缘处理，接地焊接也应按设计要求进行，并严格检查，在混凝土浇筑前再次确认。

10.7.7 混凝土浇筑前，通过拉弦线检查复核支脚位置是否移位，浇筑过程中安排专人检查模板底座和支脚固定螺钉是否松动，必要时予以紧固。

10.7.8 安装横梁时，一定要保证先放下固定支座端，再放下和锁定活动支座端，工作人员必须检查和确认两端的支座已位于正确的位置。将固定架安放到横梁上时，要尽量让固定架上的支座与横梁上的球形支座中线一致。轨枕嵌入时，由专人持塞尺检查固定架与横梁之间的间隙，确保固定架与横梁密贴接触。如果发现振捣过程中有可能出现道钉松动的情况，则在轨道振入后，必须再次用塞尺检查确认轨枕每个承轨面与固定架的接触面紧密。

参考文献

[1] 科技基〔2008〕74 号. 客运专线铁路双块式无砟轨道双块式混凝土轨枕暂行技术条件[S].

[2] YB/T 5294—2009. 一般用途低碳钢丝[S].

[3] 铁建设函〔2006〕158 号. 客运专线铁路无砟轨道铺设条件评估技术指南[S].

[4] TB 10601—2009. 高速铁路工程测量规范[S].

[5] 科技基〔2005〕101 号. 客运专线高性能混凝土暂行技术条件[S].

[6] 铁建设〔2010〕241 号. 铁路混凝土工程施工技术指南[S].

[7] TB 10424—2010. 铁路混凝土工程施工质量验收标准[S].

[8] TB 10752—2010. 高速铁路桥涵工程施工质量验收标准[S].

[9] 铁建设[2010]241 号. 高速铁路轨道工程施工技术指南[S].

[10] TB 10754—2010. 高速铁路轨道工程施工质量验收标准[S].

[11] GB/T 50081—2002. 普通混凝土力学性能试验方法标准[S].